# VERDAMMT
## auf der Erde zu leben

und keine Autobahn führt zu Gott

Marijana Maranini

www.novumverlag.com

Bibliografische Information
der Deutschen Nationalbibliothek:

Die Deutsche Nationalbibliothek
verzeichnet diese Publikation in
der Deutschen Nationalbibliografie.
Detaillierte bibliografische Daten
sind im Internet über
http://www.d-nb.de abrufbar.

Alle Rechte der Verbreitung,
auch durch Film, Funk und Fernsehen,
fotomechanische Wiedergabe,
Tonträger, elektronische Datenträger
und auszugsweisen Nachdruck,
sind vorbehalten.

© 2016 novum Verlag

ISBN 978-3-99048-536-1
Lektorat: Pia Euteneuer
Umschlagfoto:
Hulv850627 | Dreamstime.com
Umschlaggestaltung, Layout & Satz:
novum Verlag

Gedruckt in der Europäischen Union
auf umweltfreundlichem, chlor- und
säurefrei gebleichtem Papier.

**www.novumverlag.com**

# Biografie einer Rebellin

Verdammt auf der Erde zu leben und keine Autobahn führt zu Gott! Vor etlichen Jahren schrieben sich diese Worte als Blitzlicht vor mein Angesicht. Ich war erschrocken ob der Heftigkeit und Klarheit dieses Blitzschreibens. Auf den ersten Schreck folgte ein „Jesses Gott"-Ausruf und lautirres Lachen. Gleich darauf ein unbeschreibliches Stillwerden und Erstaunen. Gleichzeitig sagte ich zu mir: Wie verrückt bist du eigentlich? Fängt so Spinneritis an? Betrügen mich meine Augen? Halluzination? Wunschtraum? Wer war der Blitzproduktionsverursacher? Das Hirn? Die Intuition? Der Geist? Ist es womöglich eine Botschaft vom Höllenfürst? Will er mir mitteilen, dass ich sofort aufhören kann, soll, mit meinem Glauben an Gott, Jesus Christus und die Engel? Aufhören, mit dem Glauben, dass durch Gebete in jeglicher Form uns eine höhere Macht erhört und uns hilft? Wir leben ja ständig im Wissen um das Heilige und Satanische. Im Ja und im Nein. In der Versuchung und dem Einhalt. Himmel, weshalb zückelt und zündelt überhaupt ein Jemand diese Worte vor mein Angesicht? Liegt tatsächlich in meiner tiefsten Seele ein verkümmertes, nicht erlöstes und doch keimendes Samenkorn? Das Thema Gott, ja zugegeben, es ist mein Thema seit Jahrzehnten! Nicht etwa, dass es mich am Schlaf oder sonst wie gehindert hätte in all den Jahren, im Alltäglichen. Nein! Aber irgendwie spielt doch dieses Thema in meinem Leben immer eine wichtige Rolle zumal ich besondere Begabungen und Fähigkeiten geschenkt erhalten habe. Aber wieder zum eigentlichen Thema: Urheber

Blitzschreiben. Mein Bitten bei Abendgebeten, es möge sich mir im Traum doch eine Antwort zeigen, betreffs des Blitzschreibers, wurde mir leider nicht erfüllt. Und so bleibt die erste, harte Tatsache bestehen, dass zu Gott keine Autobahn und schon gar kein heißer Draht führt! Oder etwa doch? Eine Antwort auf meine Frage wäre für mich eine totale Erleichterung gewesen.

Nicht dass ich das Buch mit dem doch ketzerisch provozierenden Titel nicht geschrieben hätte. Nein! Dazu habe ich, oder besser gesagt gibt es, zu viele offene Fragen und keine Antworten. Könnte ich den Mitmenschen genau sagen, wer der Initiant des Blitzschreibens gewesen ist, wäre wenigstens eine kleine Klarheit vorhanden! Ja gut. Es macht wohl keinen Unterschied, ob ich die Herkunft des Blitzschreibens bekannt geben kann. Denn so oder so kann mich jeder Mensch, entsprechend seiner Ausgerichtetheit und Überzeugung in Sachen Glaube, als verrückt, schräg und ketzerisch erklären. Die Tatsache jedoch, dass mich die Suche nach der fehlenden Autobahn hin zu Gott beseelt hat und täglich ganz kurz präsent ist, bleibt hartnäckig an mir hängen. Ich will jetzt dieses Gehänge einfach nicht mehr rumschleppen und begebe mich deshalb in meine in mir gespeicherten, ganz persönlichen Bilder, Vorstellungen und Visionen. Es huschen tausende Fragen und auch witzig-wahnsinnige Bilder in meinem Kopf und vor meinen Augen hin und her. Meine Gefühle und Gedanken sind in mir zu einem wild gewordenen, ineinandergreifenden Gefüge entartet. Zu schnell, zu abwechselnd, aber irgendwie auch chaotisch perfekt. Stopp! Stopp! Stopp! So geht das nicht!

Mit eisernem Willen fing ich an, die Gedanken-, Gefühls-, Emotions- und Zwangsgeister, die da umherschwirrten und mich zu beseelen versuchten, in Schach und im Außen zu halten. Mit sehr minimalem Erfolg! Es ist nicht wegzuleugnen, dass mich eine innere Stimme führte, reif werden ließ wie Fallobst, sodass ich die Feder zückte und anfing, über den Zwang, das Verdammtsein, auf dieser Erde leben zu müssen, und der fehlenden Autobahn zu Gott zu schreiben. Wie ferngesteuert schrieb ich immer wieder des Nachts. In der Dunkelheit und Stille, in den Nachtstunden, wurde meine Hand geführt. Die aufzuschreibenden Gedanken flossen wie am laufenden Band. Ich sage jetzt mal, durch mich, meine Hand und auf das Papier. Einmal angefangen, verlor sich in mir das Zeitgefühl. Schnell und teilweise kaum leserlich schrieb ich Wort um Wort, Seite um Seite. Ein Etwas produzierte, ohne dass ich studieren musste. Immer zu, immer weiter und fließender. Ich hatte nicht die Fähigkeit, mein Schreiben zu stoppen. Das Jemand ließ mich nicht ruhen und nicht los, bis ich all das geschrieben hatte, das in dieser Nacht zu Papier gebracht werden musste. Nach einer durchgeschriebenen Nacht wurde mein Akku abgekoppelt und meine Hand gestoppt. Nach derartigen Schreibnächten war ich erfüllt von einer unbeschreiblichen Ruhe, es entfalteten sich in mir die sonderlichsten Fragen und Vorstellungen.

Die Vorstellung alleine, es gäbe sie, die Autobahn zu Gott, belustigt mich aufs Höchste! Sekunden gleich erfasst mich eiskalter Schauer und eine unerklärliche Angst. Panik schnürt mir die Kehle zu! Wieso das denn? Was wäre so fatal, verrückt, wahnsinnig, beglückend, himmlisch oder satanisch, wenn es die Autobahn zu Gott geben würde? Was um Himmels Willen aber erschüttert mich plötzlich dermaßen und greift mir mit eiserner Hand an meine Kehle? Brutal!

Oh Gott! Ich sehe vor meinen Augen Gedränge! Raufereien! Folter, Schlägereien! Krieg! Totschlag! Verdrängung! Häme! Ich höre Geschrei! Flüche! Gebete! Gesang! Musik! Und gleichzeitig spüre ich tief verborgen in mir Vertrauen! Wissensdurst! Neugier! Glück! Frieden und Ruhe! Ehrfurcht und Demut! Es entspricht meinem Wesen, wenn ich jetzt gerade gestehe,

dass sich in erster Linie das Negative und Böse immer wieder vordrängen möchte, will und oft auch kann! Dass das Spüren und Sehen des Guten, des Heiligen, des Himmlischen und des Lichtes weiter weg ist und versteckt schlummert. Jedoch immer bereit, geweckt, gelebt und erlebt zu werden. Täglich vierundzwanzig Stunden und über Jahrzehnte hinweg. Bis zum letzten Atemzug.
Also, es ist ja so, dass ich Licht erlebe und Kontakt mit dem himmlischen Personal habe. Ja! Aber auch dann, und das lässt sich nun nicht weg- und schönreden, bilden sich doch hin und wieder destruktive Gedanken! Ich bin überzeugt, dass das himmlische Personal unsere destruktiven Gedanken subito als Schrott betiteln würde. Gedankenschrott! Na gut! Sei es, wie es wolle! Ich begebe mich jetzt wieder in meine spezielle und skurrile Bilderwelt. Stellen Sie sich die gewaltige Menschenmasse und die abertausenden Auto-, Töff-, Rikschas-, Fahrrad-, Kutschen-, Karren-, Ballon- und Rollstuhlfahrer, Jogger, Läufer, Krüppel an Krücken, an Rollatoren und Spazierenden vor, die alleine aus reinem Wundern und Neugier eine Sonntagsfahrt und Spaziergang zu Gott unternehmen würden! Und, unglaublich die Vorstellung, wie sich alle verschiedenen Gläubigen, Menschen verschiedenster Kultur und Couleur verhalten würden auf der Autobahn zu Gott! Ja, wer hat denn Vorrang? Wer dürfte auf der Überholspur sein? Wer auf der Normalspur? Wer würde verbannt auf dem Pannenstreifen zu fahren, laufen, kriechen müssen? Das Tempo frei zu bestimmen? Der Christ? Der Katholik? Der Jude? Der Islamist? Der Buddhist? Der Muslime? Oder gar der Atheist? Weil er uns zwingend und dringend beweisen möchte, dass es keinen Gott gibt? Wir ins Leere, ins Nirgendwo fahren? Können wir Christen das Gegenteil beweisen? Nur weil wir im Besitz einer Bibel sind und das Geschriebene glauben?

Oh, da gedeiht der schreckliche Gedanke schon wieder, dass wir effektiv auch nur aus der Überlieferung der biblischen Geschichte behaupten, dass es Gott gibt. Aber? Ja, aber! Wer hat ihn wo und wann schon gesehen? Soll ich die Antwort geben? Ja? Verdammt noch mal! Keiner! Es wird gesagt und gepredigt, dass Gott uns immer versteht! Das heißt, dass Gott die Gebete aller Sprachen und Dialekte, egal aus wessen Land, versteht, verstehen kann, ja muss! Auch jede Schrift lesen. Himmel sakra, das ist ja ungeheuerlich! Welch ein Genie! Noch etwas. In den Kirchen ist häufig eine Wand, gespickt mit Wunschzetteln und Bitten, geschrieben an den lieben Gott, die er doch bitte subito oder noch schneller erfüllen möge! Mag Gott in vierundzwanzig Stunden überall sein, um all die Bitten zu lesen? Verrückt! Oder schickt er Engel, die ihm, dem Allmächtigen, die Bitten und Klagen übermitteln? Unglaublich, schon fast extrem, wenn ich jetzt den Gedanken hege, dass Gott innert vierundzwanzig Stunden überprüfen und ermitteln kann, sollte, muss, welchem Erden-Pilger er jetzt eine Bitte erfüllt und welchem nicht! Haben doch auch Mörder innigste Bitten betreffs ihrer baldigen Freilassung oder vielleicht der Vergebung ihrer Tat! Sorry! Das war jetzt aber doch ein Fehldenken meinerseits! Mörder kommen eh alle in die Hölle! So eine Tat kann ja nicht einfach so verziehen werden! Wenn doch, wäre der Diebstahl, Betrug oder Raub ein absolut einfaches Vergehen, Fehlgehen, ein Klacks, das ohne Verzeihung ad acta gelegt werden könnte und nicht im Lebensbuch, zwecks einer Verurteilung durch das Jüngste Gericht beim Sterben, nach dem Tod des irdischen Körpers, ersichtlich oder lesbar ist. Oh, da sehe ich gleich noch den Beichtstuhl! Um Himmels Willen! Wenn Gott die absolute Liebe ist, kann ich doch mit ihm selber über meine Sünden und meine Vergehen feilschen, klagen, heulen, bereuen, erklären, mich rechtfertigen! Wieso muss denn ein Erdenmensch als

Zwischenschalter zu Gott dienen? Und dieser Erdenmensch vergibt mir im Namen Gottes? Ich erhalte vom Beichtvater eine nach ihm ermessene Strafe? Tausend Mal das Ave-Maria oder Vaterunser beten? Gott muss ja ein extrem mega riesiges Auf- und Annahmepotenzial haben in Anbetracht dessen, was alleine in unserem kleinen Schweizer Ländle gebeichtet wird! Und? Hört er mir zu, wenn ich tausendmal das Ave-Maria bete und somit Buße tue? Mir stellt sich jede Hirnzelle quer bei dieser absurden Vorstellung! Gott hört vierundzwanzig Stunden lang unser Gelaber, Geleier und dem oft gedankenlosen Vor-sich-hin-Beten zu? Unglaublich und kaum einzuordnen, in welchem Netz wir Erdenmenschen uns verfangen haben oder willig sind, darin zu liegen. Und überhaupt sind wir Menschen, alle, auf der ganzen Welt doch am Lernen! Aus Fehlern lernt man! Was ist denn Sünde? Welche Sünde ist verzeihbar? Ein gemachter Fehler im Leben kann keine Sünde sein! Wir wurden gezeugt, erschaffen und geboren, um auf dieser Erde, nachdem sich Adam und Eva im Paradies leider absolut falsch verhalten haben, zu leben im Schweiße unseres Angesichts! So steht es in der Bibel.

Ich möchte hier ein Beispiel erwähnen. Nein, eigentlich ist es eine Realität, die in Jahren der Weltkriege wie auch heute immer noch existiert. Haben meine Kinder Hunger und die Kirchendiener und Oberhäupter, die ich um Hilfe bitte, erachten es nicht für nötig, mir Geld, Brot, Milch oder Kartoffeln zu geben, kann es doch keine Sünde sein, die unter dem Baum angefaulten, verfaulenden Früchte oder das auf dem Feld liegen gelassene und vergammelnde Gemüse aufzulesen, mitzunehmen, um meinen Kindern den Hunger zu stillen! Das ist eine Frage der zwischenmenschlichen Einstellung, des Macht-Ausübens oder des Mitfühlens letztendlich vom Besitzer des Feldes und des Baumes gegenüber dem Hungernden! Habe ich eine Wohnung, die bitterkalt ist, darf ich im Wald das herumliegende Kleinholz nicht holen zum Heizen? Auf keinen Fall! Das ist Diebstahl! Nein! Das Holz muss verfaulen und vergammeln! Es ist sündhaft und eine Schande, Früchte, Gemüse und Holz vergammeln zu lassen! Ich muss Hunger leiden! Ich muss frieren! Schließlich ist jeder Mensch in den Augen vieler selber schuld, dass er in Armut geraten ist und erbärmlich, hungernd und frierend leben muss! Ja, es gibt eine absolute Minderheit von Menschen, die sich eine Eigenschuld eingestehen müssen betreffs ihres erbärmlichen Daseins. Und die anderen Menschen? Die ohne Eigenschuld dahinvegetieren? Hungern? Dürsten? Krank sind und im wahrsten Sinne des Wortes irgendwo im Getto oder in einer Hütte verrecken? In unterirdischen Kanalisationen. Ohne Beistand! Ohne schmerzlindernde Medikamente! Immer auf der Flucht, von der Polizei entdeckt und missbraucht zu werden. Straßenkinder! Babys! Kleinkinder! Teenies! Alte und Todkranke! In Russland, Bulgarien, Rumänien und vielen anderen Ländern! Welch grandiose, abscheuliche Schande! Verursacht von macht- und geldgierigen, heuchlerischen Menschen! Ich denke auch an die Menschen auf dem Kontinent Afrika, die Hunger leiden, weil Grundnahrungsmittel an der Börse gehandelt werden! Dieses Denken und Handeln ist ja wirklich satanisch, verwerflich und eine wahre Sünde! Und wir wissen, die Menschen, die in bitterster Armut leben, haben keine Lobby! Was predigt die Kirche? Es steht doch geschrieben: Liebe deinen Nächsten wie dich selbst! Ich weiß, heutzutage ist der Neid gewisser Mitmenschen so groß, dass sie dir selbst den Tod deiner Mutter missgönnen, weil du vielleicht noch ein Hemd erben kannst. Seit Gedenken und den Erzählungen meines Vaters hat sich das Verhalten der Menschen leider Gottes in keiner Weise weder verändert, geschweige denn verbessert! Immer und ewig hat es sie gegeben, die Neider, Hasser, Verfluchter, Sklaventreiber, Mörder, Terroristen,

Herrschsüchtigen, Quäler und Größenwahnsinnigen! Und keine Religion hat es bis heute geschafft, Kriege zu verhindern! Keine Religion hat es geschafft, dass der Mensch lernt, in immerwährendem Frieden zu leben. In Achtung und Respekt dem Mitmenschen gegenüberzutreten und ihn auch so zu behandeln! Nein! Im Gegenteil! Die meisten heute noch schwelenden und vollzogenen Kriege sind reine Glaubenskriege. Tötungen, Vergewaltigungen, Verschleppungen und Folter gehören zur Tagesordnung! Wo ist da die Hilfe der obersten Kirchenführer? Hören ihre Untergebenen nicht mehr auf ihr ehrenwertes Wort? Es ist unglaublich, dass eben genau diese Obrigkeiten nach Macht gieren und geilen und diese Kriege letztendlich im Namen Gottes oder Allahs sogar noch gutheißen! Helfen! Hilfe! Ein Fremdwort für viele ach doch so gläubigen, frommen Menschen!

Ein Erlebnis meines Vaters vergesse ich nie! Er hat mir erzählt, dass der Herr Pfarrer ihn tadelte, weil er die Gottesdienste am Sonntag nicht besuchte. Mein Vater, ein rechtschaffener und ehrlicher Mensch, die Grundwerte lebend, hatte sechs Mäuler zu stopfen. Also hat er nebst seiner Arbeit, die er mit weniger als dem Hungerlohn tagtäglich korrekt verrichtete, in bäuerlichen Betrieben oft an Sonntagen die Stall- und Melkarbeit übernommen. Da hat es als Lohn Grundnahrungsmittel gegeben. Frische Milch, Gemüse, Fleisch und Früchte! Welch ein Segen für unsere Familie! Ja, und bei einer Begegnung mit dem Herrn Pfarrer hat der wortwörtlich zu meinem Vater gesagt: „Grüß Gott, wie geht's?" Vater: „Ja, es dürfte bessergehen. Bei den Löhnen jedoch nagt man eher am Hungertuch, als dass man sagen kann, es gehe einem gut." Der Pfaff: „Jaaa, äää, es ist halt so, kämest du am Sonntag in die Kirche, würde dir Gott auch eher mehr helfen!" Sakra, hat sich da Vater erzürnt! Seine Antwort war kurz und unmissverständlich: „Pfarrerli, jetzt musst du verdammt aufpassen, was du sagst! Sonst klopfe ich dich! Ich habe noch nie gesehen, geschweige denn gehört, dass Gott einem armen Schlucker nach einem Gottesdienst, nach dem Bitten und Beten, Brot, Kartoffeln, Fleisch und Milch vor die Füße geworfen hat. Adieu!" Recht hat Vater! Die Kirche gibt nichts, aber auch gar nichts gratis! Und schon gar nicht in selbstloser Weise! Und Gott? Wo würde er einkaufen? Käme Trockenfutter vom Himmel geflogen? Ein Liter Milch im Tetra Pack als Flugobjekt aus der Höhe des Himmels kommend würde mich ja glatt erschlagen. Halleluja! Oh Jesses! In diesem Zusammenhang wird in meinem Hirn sogleich der Gedanke geboren, dass Gott ja Geist ist. Und ein Geist kann ja keinem armen Schlucker und Bettler Essen auf die Erde werfen. Aber ein Geist kann überall sein. Ein Geist ist unsichtbar. Nicht greifbar. Er ist in Afrika und innert einer Billionstelsekunde am Nordpol. Wo finde ich denn Gott, wenn er doch überall sein kann? Ja, ja! Diese unerklärliche, unsichtbare Macht und plötzlich spürbare Kraft! Überall und nicht sichtbar! Spürbar? Ja! Natürlich! Logo! Selber erlebt! Das ist ja das total Verrückteste. Wobei ich ganz ehrlich sagen muss, dass dieses Erlebte nie, nie durch einen menschlichen Zwischenschalter erfolgt ist! Punkt!

So und nun zurück zur Autobahn zu Gott. Wer außer mir würde wohl eine Sonntagsfahrt machen mit dem Ziel, schnell mal bei Gott vorbeizuschauen, Hallo zu sagen, um sich zu vergewissern, dass im Himmel, dem Jenseits noch alle Lichter brennen und die Engel alle im Chor singen? Oder eine Sonntagsfahrt, welche die Überzeugung des Atheisten bestätigen würde, dass es keinen Gott gibt! Oder umgekehrt!

Eine Sonntagsfahrt von Menschen verschiedensten Glaubens! Verschiedenster Hautfarbe! Mit kunterbunter Kleidung, oder auch nackt, und verschiedenster Herkunft, die vor den Toren der Himmelspforte wüste Wortgefechte, Streitereien, Gerangel oder gar kriegerische Handlungen verursachen würden! Oder Menschen, die überwältigt vor Ehrfurcht und Demut reglos dastehen oder den Boden küssend da liegen würden! Und nicht zu vergessen sind die Menschen, die natürlich auch ihren treuen, geliebten Vierbeiner mitnehmen würden! Den Kanarienvogel Polly, die Katze Mitzi, die Kuh Mona, den Hund Boubou, die Geiß Kathy, den Esel Fabulo etc. etc. Verrückt die Bilder, die jetzt gerade in meinem Hirn produziert werden durch diese Gedanken! Unglaublich und nicht beschreibbar die Gefühle und Emotionen, die ich jetzt tief in meinem Innern erlebe und spüre. Unvorstellbar, über wie viele Spuren diese Autobahn verfügen müsste, damit nicht tausende Kilometer lange Staus und Chaos entstehen würden. Menschen, sich befindend auf einem Weg ohne Wegweiser, ohne Richtlinie, ohne Führungsleitlinie und ohne nur eine bestimmende Gesetzmäßigkeit habend! In mir wursteln die Gefühle und Emotionen in tiefsten Ebenen und höchsten Höhen. Die Freude und Lust, die Angst und Panik, diesen Zustand erleben zu dürfen, zu wollen, oder gar mal zu müssen!? Oder aber dieses Hirngespinst, einfach als irrer Wahnsinn und Wahnwitz zu verbannen. Und schon purzeln mir auf die verworfenen Bilder und Vorstellungen tausende Antworten entgegen. Eine eigentlich brutale, doch unheimlich faszinierende, wundersame und auch heilende Vorstellung.

Aber nun mal im Ernst! Würde ich mich ernsthaft, würden Sie sich auf den Weg begeben? Aus wessen Gründen? Aus wessen Motivation resultierend? Ja, ja! Ich würde mich jederzeit auf den Weg begeben! Aus rein menschlicher Sicht und Wissbegierde heraus gesehen schon, ja! Natürlich, es würde mir erlauben, mir vom Jenseits und von Gott, dem Schöpfer, allen Seins ein Bild machen zu können. Ich könnte sehen, wie der Garten Eden mit welchen Pflanzen, Blumen und Bäumen bestückt und gestaltet ist. Welche Tiere und Menschen sich im und an der Schönheit des Garten Edens erfreuen und ihr Leben nach dem Ableben und Abstreifen ihrer irdischen Körperhülle dort verbringen dürfen. Ich würde die so sehr gepriesene Herrlichkeit und das Strahlen des einmalig schönen Lichtes im Jenseits mit meinen eigenen Augen sehen! In lebendem Zustand! Im ganzen Ausmaß! Sozusagen die Unendlichkeit auch erfassen und spüren können. Endlich hätte ich von Gott, unserem Vater, ein Bild! Ich wüsste fortan, mit wem ich im Gebet, in Freude, im Glück, in tiefster Not oder im Leid flehe, bitte, danke und kommuniziere über das doch ungerechte Weltgeschehen und all das, was mein Herz und meine Seele in irgendeiner Form und Art belastet, beschäftigt oder berührt. Ja, und ich hätte eine Adresse! Denn jede Autobahn führt hin zu einem Ziel, oder kann eine Autobahn auch ins Nirgendwo führen? Welches Bauamt würde schon eine Autobahn bauen und einfach irgendwo inmitten einer Landschaft den Bau einstellen? Stellen Sie sich diesen Verlust an Image und Kosten einmal vor! Keiner würde doch eine Autobahn ins Nirgendwo befahren wollen! Kein Wegweiser und kein Hinweis auf ein mögliches Dorf, einen Ort oder eine Stadt würden da sein! Ja gut, die Neugier könnte siegen und so mancher versucht sein, die Autobahn ins Nirgendwo in Angriff zu nehmen und los zu fahren.

Ich will jetzt den Versuch starten, für mich persönlich herauszufinden, was die Worte, zu Gott führt keine Autobahn, eigentlich beinhalten. Es ist eine Tatsache, dass ich schon lange auf einem oder dem Weg bin! Ganz genau befinde ich mich auf verschiedenen Wegen und Pfaden. So begehe und wandle ich auf dem Lebensweg. Ich wurde nicht gefragt, ob ich geboren werden will. Also musste ich Mensch werden! Wurde ich verdammt auf dieser Erde zu leben! Bei der Geburt und mit meinem ersten Schrei habe ich das Startzeichen gesetzt bekommen und es ist in meinem Bewusstsein unauslöschlich, dass am Ende des Weges groß und unerbittlich geschrieben steht: Sterben, Tod, Ableben! Und das egal, in welchem Jahrzehnt ich mich gerade befinde! Abrufbar schon eine Sekunde nach der Geburt. Nicht einmal den ersten Schrei schaffend! Nicht vorhersehbar, nirgends in einer Anleitung oder Richtlinie genau geschrieben, nach welchen Gesetzen oder Mustern ein Ableben erfolgt. Eine Kurzanleitung jedoch für den Weg hin zum Glauben und für die Wegbegehung hin zu Gott und Jesus Christus, lernte ich als Kind durch die Kinderbibel, die Gute-Nacht-Gebete, die Sonntagsschule und während der Schulzeit durch den Religionsunterricht kennen. Je nachdem wer uns unterrichtete, ein eher sehr mühsames, langweiliges und nicht gerne besuchtes Fach. Das, was vermittelt und hätte gelehrt werden sollen, konnte ich damals oft gar nicht verstehen, nachvollziehen und mir verinnerlichen. Der Stoff wurde abgespult, durchgezogen und Fragen sehr ungern, wenn überhaupt beantwortet. Zu mühsam! Zu lästig und überhaupt, die Stunde ist vorbei! Mit tausend Fragen bespickt und total unzufrieden, hadernd habe ich jeweils diese Unterrichtsstunden verlassen und gleichzeitig den Pfaff ins Pfefferland verwünscht. Das heißt jedoch nicht, dass ich total leer aus diesen Unterrichtsstunden gestartet bin. Ich habe sehr wohl ein paar Anleitungen, etwas Vorgelebtes als Einführung, als Anhaltspunkt oder Orientierungshilfe ins Teenie- und Erwachsenenalter mitgenommen. Aber oh Gott! Wie ich das Glaubensvehikel lenke, fahre, pflege, warte, das stand nirgends in den Anleitungen. Klar, dass ich die Anleitung in der Kinderbibel und die der Mutter, Heilsarmee orientiert, und die des Vaters, enttäuscht und frustriert von der Institution und den Anleitungen der reformierten Kirche, in irgendeiner Form und Art zu leben versuchte! Ach du meine Güte! Mein Gott! Bei so einem Vorhaben ist das Wort scheitern sehr milde ausgedrückt. Im jungen Erwachsenenalter fehlte mir die Fähigkeit, den einen Weg zu wählen, zu gehen und in meinem Leben als die Hauptstraße oder die Autobahn hin zu einem Ziel, führend zu Gott, als Erfüllung anzusehen. Mein Lebensweg führte mich erstmals auf ein anderes Ziel hin! Weg: Schwangerschaft, Ziel: Mutterschaft! Partnerschaft! Familie! Mit siebzehneinhalb Jahren und ein Kind unter dem Herzen tragend hatte ich andere Herausforderungen zu bewältigen als der Frage nachzugehen, welcher Glaube denn der richtige ist! Gespräche, Sorgen, Kummer, Ängste und das Spüren, dass ich jetzt ganz alleine als junge Schwangere die Verantwortung über das noch ungeborene Wesen steuern und leiten kann, muss, haben mich unendlich viel Energie, Willen, Mut und Kraft gekostet.

Mein Ziel war ganz klar die Verehelichung mit dem Kindsvater Hannes! Dem Kind ein Elternhaus bieten! Das normale Leben einfach, eine gute, fürsorgliche Mutter zu sein und die Bedürfnisse, Wünsche und Erwartungen des Ehemannes, für den ich tiefe Gefühle hegte, und die des Kindes erfüllen. Ich verspürte in keinster Weise, dass die Notwendigkeit, sattelfest im Glauben zu sein, Vorrang gehabt hätte. Oh, natürlich betete ich in Not zu Gott. Natürlich wollte ich, dass er mir hilft und die Fähigkeit schenkt, eine gute Ehefrau und vor allem eine gute Mutter zu sein! Klar bat und bettelte ich in meinen Gebeten, dass die Geburt problemlos verlaufen soll und mein Kind gesund das Licht der Welt erblicken darf! Ja, ich hatte und durchlief tausend Ängste! Ohne eine Lehre absolviert zu haben, bettelarm, mit von meinem Vater geschenkten zwanzig Franken in der Hand verließ ich, nein, musste ich das Elternhaus verlassen! Ich war wohl größenwahnsinnig, dass ich mit siebzehneinhalb Jahren Ja sagte zu einem Leben und zu Aufgaben, die sich so genannte reife Menschen nicht nur ein Mal, nein, zwei oder drei Mal reichlich überlegen! Sich alle oder sehr viele Vor- und Nachteile aufschreiben, darüber diskutieren und mit allen möglichen Verwandten, Befreundeten, Kollegen und Vertrauten darüber sprechen. Und ich? Meine Güte! Mit wem auch? Meine Eltern waren von mir, meinem Verhalten, sehr, zutiefst enttäuscht. Eine schwangere Tochter im Teeniealter! Nichts gelernt! Nebst noch anderen drei schulpflichtigen Kindern erschien das eine Unmöglichkeit und der purlautere Wahnsinn zu sein! Zu dieser Zeit, in den sechziger Jahren auch noch eine immense Schande! Vom Geknatsche und Gerede der Leute und vor allem der verdammt hinterhältigen Verwandtschaft ganz zu schweigen! Unmenschlich! Bösartig! Perfid und verwerflich! Nicht nur mir gegenüber! Nein! Auch meinen Eltern gegenüber, die mich gut erzogen haben. Nur gegen meinen inneren Rebellen war kein Kraut gewachsen. Ich schrie innerlich auch nach Liebe! Nach Geborgenheit! Ja! Das entspricht der Tatsache! Und allem Widerstand zum Trotz habe ich aber tief in meinem Herzen und der Seele Ja gesagt zu meinem werdenden Kind! Egal, was auf mich zukommen würde! Oh, natürlich haben mir die Ärztin und das Vormundschaftsamt aufgezeigt, was ich mir mit einem Ja zu dieser Schwangerschaft für meine eigene Zukunft verbaue! So, so, ich verbaue mir etwas! Nein, ihr lieben Leute, ich erbaue mir jetzt gerade mit dem Ja die Zukunft! Ein neues Leben! Ein neues Kapitel! Ein Etwas, das gebe ich ja zu, nicht Alltägliches. Ist das so absurd, dass ich mich jetzt in meinem zarten Alter, überzeugt von meinem neuen Beruf, Mutter und Ehefrau zu sein, entscheide? Das ist meine Zukunft, meine persönliche Zukunft! Ein Beruf? Ja was ist denn Mutter und Ehefrau sein? Nichts? Aha, die studierten Fachleute konnten oder wollten mir diesbezüglich in keinster Weise Zugeständnisse machen! Sonst würde ja das Mutterwerden in so jugendlichem Alter eine Normalität. Also habe ich mich klar geäußert: „Wissen Sie, vor allem das Muttersein ist auch eine Berufung! Das Ehefrausein wird werden! Schließlich musste in der Vergangenheit bei meinen Vorfahren sehr vieles mit den Jahren betreffs Ehe und Liebe erst alles werden! Weshalb bei mir, uns nicht?" Basta! Ruhe! Amen! Und überdies empfand ich Liebe für Hannes und er auch für mich! Punkt. Ich wurde zur kämpfenden Löwin! Ich erhielt Kraft! Energie, Wille und Durchhaltevermögen. Ja, die Behörde musste mich nach sehr vielen unangenehmen Frage- und Antwort-Gesprächen mit siebzehneinhalb Jahren dann letztendlich als volljährig und gereift erklären. Diese Erklärung und Bewilligung des Vormundschaftsamtes benötigte ich zwecks Heirat mit ihm. Er musste übrigens auch bei der Vormundschaftsbehörde antraben! Laut Gesetz hatte er sich strafbar gemacht! Beischlaf mit einer Minderjährigen, so genanntem „Chefifleisch", ist verboten. Auch wenn ich nicht vergewaltigt wurde, sondern der Akt in aller Verliebtheit und Erfüllung vollzogen wurde. Nun, meine Eltern wollten keine weiteren Probleme und erstatteten keine Anzeige gegen den Kindsvater. Nein, sie wünschten sich eine Lösung des immer sichtbar werdenden Problems! Und zwar nicht erst am Schluss meiner Schwangerschaft. Nein, baldmöglichst! Ich auch! Mir war jeden Tag kotzübel! Ich fühlte mich körperlich todmüde! Die Kotzerei und die widrigen Umstände schlauchten mich! Ich benötigte Bettruhe, bis sich mein Körper an die Umstellung und das Schwangersein gewöhnt hatte. Das Absolvieren der Vorschule für die Chemielaborantinnen-Lehre zehrte zusätzlich an meinen Kräften! Die Stimmung in meinem Elternhaus legte sich bleiern auf mich. Mein Vater weinte beim Telefongespräch mit meinem Gewerbeschullehrer und ich fühlte tief in meiner Seele und meinem Herzen seine tiefe Verzweiflung und Enttäuschung. Immer wieder hielt ich in diesen Momenten Zwiesprache mit meinem in mir wachsenden Baby. Ich habe dieses ungeborene Wesen um Verzeihung gebeten für meine in verschiedensten

Momenten aufkommende Traurigkeit, Emotionen und Gefühle. Und meine Mutter war beschäftigt mit dem Haushalt, dem Nähen, der Erziehung meiner kleineren Geschwister und den Vorbereitungen für meinen Auszug. Es war damals Sitte, dass die Braut die Aussteuer mitbringt! Ohne einen Rappen, außer den Götti Batzen auf meinem Sparbüechli, konnte ich mir keine Aussteuer kaufen! So wurde die Aussteuer zu einem Geschenk meiner Mutter! Bezahlt vom Nähgeld! Zu dieser Zeit eine sehr, sehr großzügige Geste und ein riesiges Geschenk! Gott möge es ihr vergelten! Was meine Geschwister in dieser schwierigen Zeit alles mitbekommen haben, darunter litten oder mich verurteilten, da habe ich keine Ahnung. Gespräche in der Familie betreffs meiner Schwangerschaft haben nie stattgefunden. Und heute mag sich keiner mehr daran erinnern. Wie sagt man so schön: Zeit heilt Wunden!

Die Zeit eilte dahin und jetzt musste dringend ein Gespräch mit der Mutter, das heißt meiner zukünftigen Schwiegermutter und meinen Eltern eingefädelt werden. Irgendwie musste doch besprochen werden, wie und wo wir unser zukünftiges Leben leben wollen. Und vor allem, wie sieht die finanzielle Situation aus! Wer hilft mir, wenn ich selber am Anschlag bin! Wenn mich doch der Jammer trifft und ich dies nicht meiner Mutter anvertrauen möchte, nicht kann und will! Ja, sie hat mir auch leidgetan. Ich spürte auch ihre Verzweiflung und Enttäuschung. Auch sie litt unter der Tatsache, dass sie doch die Kontrolle über mich irgendwann verloren hatte. Und dann liegen mir da noch die Worte meiner Mutter in den Ohren.

„Wenn man A sagt, muss man auch B sagen in sehr schwierigen Situationen und diese auch durchstehen." Diese Worte, als hätte man sie mir mit einem Brandeisen in die Seele gebrannt, haben mich zur Überzeugung gebracht, stillschweigend meine Sorgen, Kümmernisse und Unpässlichkeiten für mich zu behalten und auszuhalten. Zumal sich unser Verhältnis durch das über Wochen dauernde Verwandten-Gelafer und -Verhöhnen betreffs der Erziehung meiner Eltern, massiv abgekühlt hat. Distanz! Verachtung! Dieses Wort! Sehr schmerzlich empfunden in der Umsetzung und doch irgendwie hilfreich und lindernd in meiner Situation. Abstand nehmen! Zu neuen Ufern gehen!

Also, letztendlich hat an einem Sonntag ein Gespräch mit meinen Eltern, der Mutter des Kindsvaters, ihm und mir stattgefunden. Wie in einem Architekturbüro konstruierten wir unsere Zukunft als Ehepaar und Familie. Und vor allem lastete auch die eine Frage schwer auf meinen Eltern: Wird der zukünftige Ehemann finanziell für mich und das Kind sorgen können! Und ob! Kein Problem! Beruf erlernt, gute Anstellung in einer großen Firma! Pflichtbewusst und zu Sparsamkeit erzogen konnte der Kindsvater, mein zukünftiger Ehemann, meine Eltern beruhigen. Ich hatte das Gefühl, dass ihnen nach dieser Offenlegung der finanziellen Situation nicht nur ein Stein vom Herzen gefallen war, sondern eher die Massen eines Blüemlisalpmassiv. Die Situation entspannte sich. Nun konnten meine Eltern mich abgeben. Abgeben in gute Hände. So dass sie sich in Zukunft um mich und das ungeborene Kind keine Sorgen mehr machen mussten. Und, wir beide wollten ja die Verehelichung! Also! Alles paletti! Ja, und dann wurde dieser normale und als vorgängig schwierig erscheinende und mit verschiedensten Gefühlen erwartete Sonntag zu einem heiligen Sonntag! Was mir auf der Seele brannte und ich im Tiefsten meines Innersten spürte, möchte ich mit den folgenden Worten beschreiben:

In mir war Licht! Licht auch in tiefster Nacht und Sehnsucht nach Zuhause. Liebe! Die allumfassende Liebe beseelte und erfüllte mein Herz. Ich spürte die über mir wogende Kraft, Energie ausschüttend in jede Zelle. Das in mir wachsende Vertrauen in das für mich neu werdende Leben bestärkte mich in meinem Dasein. In mir wuchs ein Leben! In Liebe gezeugt. In Sehnsucht erwartet. Ich war erfüllt und voller Gefühle für dieses werdende Leben! Glück pur! Zukunft! Ich war da! Ich war bereit! Und jetzt kommt das Höchste! Nie Erwartete! Die Mutter des Kindsvaters freute sich riesig über die Nachricht des werdenden Enkelkindes. Sie, die ihren Vater bei sich hatte, selber drei Kinder unter dem Herzen getragen hatte und von denen auf Geheiß ihres Vaters und auf Grund der Umstände ein Baby im Alter von zarten zwei Jahren zur Adoption freigegeben musste. Zwanghaft! Vaters Drohung, er werde den fremden Balg totschlagen, wenn dieser im Haus bleibe, hatte seine Wirkung nicht verfehlt. Sie arbeitete zu der Zeit als Küchenhilfe und war auf ihren Vater als Hüter der Söhne angewiesen. Er! Immer mit Tabakpfeife im Mundwinkel. Im Sommer auf einer Holzbank am Schatten in der „Hoschtet" sitzend! Im Winter auf der Ofenbank oder in Mundart der „Chunscht", auf Hochdeutsch Feuerstelle. Dieselbe mit einem Holzbrett abgedeckt, damit nicht der Hosenboden seiner „Halblinigen" verbrannte. Daneben sitzend sein innig geliebter Mischlingshund Mäxu. Eine Idylle, so schön wie bekannt aus Gotthelf-Filmen. Aber leider, wie meistens auch aus Gotthelf-Filmen bekannt, war diese Idylle nur ein kleiner Ausschnitt. Nebst der Idylle war doch vieles im Argen. Das Außen von ihm war ein äußerst liebliches, anmutendes Bild. Im Innern jedoch lauerte ein kleiner, fieser Teufel. Die Sturheit und Härte war furchterregend. Der Tyrann perfekt! Wie kann ein Vater seine Tochter dermaßen unter Druck setzen und zwingen, dass sie ihr unter dem Herzen getragenes Kind zur Adoption frei gibt! Zumal sie zu diesem Zeitpunkt schon eine erwachsene, reife Frau war! Mutter von zwei gesunden Buben. Für sie vor allem auch auf der Tatsache beruhend, dass die Zeugung dieses Kindes aus einer Liebschaft und gegenseitiger Erfüllung entstand. Gut, das Verfluchte war, dass der Erzeuger verheiratet war und immer wieder kundtat, er würde das neue, absolute Glück suchen und die Scheidung einreichen. Doch die Realität hatte anders ausgesehen. Die heimlichen Erkundigungen bei einem Rechtsanwalt betreffs Abfindung der noch unwissenden und nichts ahnenden Ehefrau waren doch zu hoch, sodass eine Scheidung absolut kein Thema mehr war. Vielmehr das Hoffen im Vordergrund stand, dass doch letztendlich das Treiben geheim bleiben sollte. Blieb es jedoch nicht! Und ein offiziell bekannter Ehebruch eines Angesehenen war damals ja eine noch größere Schande als die meine, die ich verursacht habe! Meine Schwiegermutter wurde als Schlampe betitelt und der feine Herr zweifelte die Vaterschaft dann sofort an. An seine Versprechungen, nach der von ihm als Unfall deklarierten Zeugung für das Kind zu zahlen, erinnerte er sich plötzlich nicht mehr und verleugnete vehement selbst die drei Jahre dauernde Liaison. Unglaublich, diese Eiseskälte. Ein Vaterschaftstest? Denkste! Der wurde nie gemacht! Ein Angesehener, zudem noch in verschiedensten Ämtern wirkend, hat gegenüber einer Geschiedenen mit schon zwei Kindern als Altlast immer und überall recht! Korruption in allen Bereichen! Bis hin zum Gynäkologen. Unglaublich, was diese Frau an seelischem Leiden erlebte in den neun Schwangerschaftsmonaten. Die höchsten Höhen und Tiefen, alle Emotions- und Gefühlslagen. Keine Möglichkeit, die Schwangerschaft zu unterbrechen. Also das Kind austragen. Spüren und gleich wieder verbannen, was sich an Gefühlen für das Ungeborene entwickelte. In Erwartung, nach neun Monaten und nach der Geburt das gefühlte und gewordene Leben sofort verstoßen zu müssen. Und! Kein Mensch hat sie betreffs ihrem Befinden, ihrer Verzweiflung und ihrer Traurigkeit, ihren Tränen während der Schwangerschaft und der Geburt befragt! Nein! Alles musste totgeschwiegen werden. In allen Bereichen. Schwanger, Geburt und kein Baby an der Brust, geschweige denn zu Hause Friede und Freude. Bei Fragen, keine Antwort. So nach dem Motto: Nichts hören! Nichts sagen! Nichts sehen! Pfui, Erzeuger! Pfui, Vater! Verwerflich! Pfui, Behörde! Pfui, Gesellschaft! Keine Hilfe! Nichts! Eine Verwerflichkeit sondergleichen, zu behaupten, der zwangsorientierte, aufgezwungene Rat, ein Kind zur Adoption freizugeben, sei eine Hilfe! Nur ein hirnloser Tor sagt: Doch, das war die beste Lösung! Für die betreffende Frau bedeutete es durch die Hölle zu gehen.

Verwerflich auch, oder doch ein Segen, zumal sie ihren Sohn dann doch in Abmachung mit den Adoptiveltern und auf Grund der Zwangsverhältnisse, ihrer gesundheitlichen und psychischen Situation dreimonatlich als Tante besuchen durfte! Sie litt Höllenqualen! Ihr Baby sehen, aber es nicht stillen und herzen zu dürfen. Einfach nur als Tante fungieren! Ja keine Beziehung aufbauen! Ja dem Kind nie das Gefühl geben, eine Lieblingstante zu sein! Ja keine Geschenke, die das Kind veranlassen könnten, die Lieblingstante in sein Herz schließen zu wollen! Nichts! Nur irgendwie halt als Tante mal zum Kaffee kommen. Nada! Die Bedingung war, dass auch nach der Volljährigkeit des Buben Stillschweigen über die Herkunft herrschen musste! Sie litt furchtbar unter diesen Bedingungen. Noch vor der Einschulung brach sie den Kontakt nach und nach ab. Die Tortur, ihr immer wieder erlebter Schmerz war zu groß für sie. Welch ein Schicksal! Und wo war Gott in der von ihr so verzweifelten Zeit? Wie oft hatte sie gefleht, er möge ihrem Vater die Fähigkeit schenken, das Herz für sie und ihre Situation und das noch Ungeborene zu öffnen! Kein Gebet wurde erhört oder erfüllt! Weshalb musste sie ein derartiges Schicksal erleiden! Kam noch dazu, dass ihr erster Ehemann in einem Wutanfall mit der Hacke auf sie losging! Er wurde verhaftet, musste in den Knast und sie wurde danach geschieden mit zwei kleinen Kindern an den Händen und somit fing die verhängnisvolle Abhängigkeit vom Vater an. Sie schuftete von da an für die Kinder und den Vater! Wo war Gott da? Wo? Nirgends! Was glauben Sie, wäre passiert, wenn sie von einer Autobahn zu Gott gewusst hätte? Oh, Mutter wäre mit nackten Füßen gerannt, ohne Angst vor Ihn, den allmächtigen Gott, getreten und hätte Antworten gewollt! Ob das herrliche, himmlische Licht beim Betreten der Himmelstür ihre abgrundtiefe Wut und Enttäuschung, Traurigkeit und Verzweiflung hätte mildern können, glaube ich gar nicht. Nein! Ihre Frage: „Was habe ich denn so falsch gemacht, dass ich dermaßen eingedeckt werde mit Schicksalsschlägen?", höre ich jetzt noch! Und genau! Gott hätte ihr diese Frage im Detail und subito beantworten müssen! Von uns wird ja schließlich auch Gehorsam erwartet, damit am Ende allen irdischen Seins ein Engel und nicht der Teufel persönlich unsere Seele in den Himmel oder die Hölle führt! Oder stimmt das nicht? Jesses! Schon nur diese Vorstellung! Der Teufel holt uns ab, um mit ihm in die Hölle zu fahren! Er, immer wieder dargestellt als Furie mit Hörnern, einem langen Schwanz und einer Mistgabel! Das ganze Bild umwerfend schaurig schön in rot und schwarz! Glühend heiß! Zu was die Mistgabel dient? Damit er die, die noch abspringen wollen, oder die, die ihm Gott doch noch abspenstig machen will, sofort aufspießen und in die Hölle schleppen kann! Oh mein Gott! Welch ein Bild! Ein Gemälde, versehen inhaltlich mit einer abnormen, herrlich erschaurenden Faszination. Als Gemälde an der Wand hängend, wäre kaum ein Mensch fähig, sich dieser immensen Bilddarstellung, riesige Macht ausstrahlend, zu entziehen. Wahnsinn vorprogrammiert.

So, nun steht also diese starke, vom Schicksal arg geschüttelte und geprüfte Frau Mutter vor uns und sagt mit klaren Worten was Sache ist. Aufgrund ihrer Erfahrung dürfe es in ihrer Familie nie, nie wieder einen derartigen Schicksalsschlag, ausgehend, verübt und mit aller Härte durchgezogen von einem boshaften und tyrannischen Menschen, einer Behörde oder einem Amt geben. Weder eine Abtreibung noch eine Adoptionsfreigabe! Nie! Nicht, solange sie auf dieser Erde lebe! Punkt! So haben meine zukünftige Schwiegermutter, der Kindsvater und ich diesen Gesprächssonntag mit etlichen Spannungen und Entspannung mit meinen Eltern erlebt. Zwecks Klärung meiner, unserer Situation. Halleluja! Für mich war immer noch die Verehelichung die beste Lösung! Alternativen? Oh ja, diese hatten mir die Ärztin und die Behörden ganz klar definiert und kundgetan! Ich sollte, die beste Voraussetzung und Lösung für das Baby und mich, in das Ledigen-Mütterheim! Huss use! Nie im Leben lasse ich das zu! Nur über meine Leiche! Im Ledigen-Mütterheim herrschte eine Domäne eingekleideter, strengster, verlogenster und hinterwäldlerischster Nonnen! Alle strengstens nach dem Katholizismus und Papa Rom orientiert! Und was ich getan hatte, vor der Ehe Sex und erst noch in minderjährigem Alter, war sowieso eine Todsünde! Nein! Nie! Gar nie würde ich dorthin gehen! Sie sagten, sie würden tagsüber zu meinem Baby schauen und ich könnte parallellaufend meine Laborantinnen-Lehre absolvieren. Die Lehrstelle hatte ich bereits, den Vertrag unterschrieben. Ich wusste aber, dass das eh nur eine heuchlerisch daher gefaselte Aussage war. Auf meine Frage, wie ich denn selber zu meinem Baby Kontakt haben könnte, wurde die Stimme der Frau Oberin schon sehr bestimmt, kalt und hart! In herrischem Krächzton ließ sie verlauten: „Nur einen kurzen Kontakt am Morgen, Mittag und Abend! So zehn bis fünfzehn Minuten!" Himmelsakrament, was sollte das? Pro Tag dreißig bis fünfundvierzig Minuten mein Kind herzen? Wenn überhaupt! In mir bildete sich heftigster Widerstand! Innerlich spie ich wie eine torpedierte Giftschlange. Waren die noch normal? Ein Baby braucht Muttermilch, mehrmals am Tag und auch in der Nacht! Zuwendung! Mutterliebe! Zärtlichkeit! Lachen! Fröhlichkeit! Spielen! Ruhe! Stille! Streicheleinheiten und Geborgenheit! Freiheiten und Grenzen! Und Abstillen müsste ich gleich nach der Geburt! Jesses nein! Was sollte denn dieser Unsinn? Meine Brüste waren auf Milchproduktion eingestellt! Das Wichtigste überhaupt an Nahrung für das Baby wurde produziert in mir! In mir! Nicht bei Néstle! Muttermilch! Mit wichtigen Inhaltsstoffen angereichert! Gesundheit erhaltender und Krankheiten vorbeugender Art!

Klar! Diese hochintelligent eingebildeten Eingekleideten hatten doch keine Ahnung und Erfahrung im Muttersein! In ihrer nach außen hin getragenen Sterilität, Reinheit und göttlicher Jungfräulichkeit wirkten diese wandelnden Stoffballen eh realitätsfremd in und für meine sehr sensible Situation. Weiß der Teufel, was genau unter den mit Stolz und zum Teil Hochmut getragenen Trachten in deren Herzen vorging. Meines Erachtens nichts göttlich Liebendes! Oh, lieber Gott, wie sollten und konnten diese mit Jesus verlobten Nonnen eine Ahnung oder nur ein Quäntchen fühlen, was mein Kind effektiv an Leib und Seele benötigte, um geborgen, glücklich und gut gedeihen zu können! Hilf mir! Schau hin! Schlag sie, damit sie in die Realität katapultiert werden! Sag denen die Meinung! Jetzt! In meinem Beisein! Nichts passierte! Totenstille. In mir grenzenlose Wut und Verachtung für diese Weiber. Ich wurde erneut zur kämpfenden Löwin. Mit Todesverachtung habe ich den Nonnen und der Frau Mutter Oberin in aller Klarheit, auch den Behörden, an den Kopf geschmissen, welche Pläne sie hätten: Mir mein Baby, mein Kind entfremden und schnellstmöglich wegnehmen! Ja genau! Und nie würde ich das zulassen! Nur über meine Leiche! Seid euch bewusst, dass ich euch abgrundtief hasse, verachte und verabscheue! Pfui Teufel! Ich erlebe euch als Hyänen und Aasgeier unter dem Deckmantel eures Glaubens! Herrschsüchtig und geil nach Macht über Menschen in Not! So abscheulich! Ich spuckte auf den Boden! Kaum getan wurde ich aus dem ehrenwerten Haus hinauskomplimentiert! Gott sei Dank! Mein Herzschlag war rasend schnell, bis in den Hals spürend. Ich zitterte! Mein Innerstes bebte! Kochte! Wie überschäumende Gischt legte sich eine Eiseskälte um mich! Schluchzend und weinend lief ich zur nächsten Bushaltestelle und setze mich auf die Bank. Jesses Maria! Ich musste mich beruhigen! Sofort! Mein ungeborenes Baby sollte es doch schön und kuschelig haben in meinem Bauch! Eingebettet sein in meiner Mitte! Gedankenverloren hielt ich meine Hände über meinen Bauch! Hielt Zwiesprache mit meinem Baby, entschuldigte mich bei ihm für die gerade herrschende Eiszeit und beruhigte mich mit Beten, Bitten und Flehen. Himmel Herrgott, ich möchte jetzt, grad sofort zu Dir kommen und mich beschweren über Dein so maßlos arrogantes, überhebliches, verdammt saublödes Bodenpersonal! Aus meiner Sicht war das Verhalten der Frau Oberin und deren Anhänger schlichtweg einfach skandalös, menschenunwürdig, falsch und verlogen! Mein Kind hätte bei einer Nicht-Heirat sofort nach der Geburt einen Vormund und flugs hätten Pflegeeltern mein Baby, m e i n Kind zugesprochen erhalten. Begründung: Ich müsste eine Lehre absolvieren! Lernen und Arbeiten! Ja, ja! Ein Leben als Mutter, Ehe- und Hausfrau ist ja ein reiner Ferienjob! Ach, was gibt es da schon zum Arbeiten! Das bisschen Haushalt! Das bisschen Ehefrausein! Und die Pflege, Betreuung und Begleitung eines Babys! Pappenstiel! Ist nichts! Die schlafen doch sowieso von vierundzwanzig Stunden deren zweiundzwanzig! Ja! Ja! Wer's glaubt, wird selig! Und natürlich in Anbetracht des

Normalen noch ein wichtiger Faktor! Jung, nichts gelernt und kein Einkommen! Denn ohne Lehre und Einkommen bist du als Mensch nicht produktiv und nützlich! Bist ein Nichts! Weder für die Gesellschaft, noch für die Gemeinde! Auch nicht für den Kanton und schon gar nicht für den Staat. Kinder kriegen ja, aber erst, wenn du erwachsen und ein Etwas bist! Gefühle? Neiiiiin, ein so junges Tüpfi mit Gefühlen? Kann nicht sein! Gibt es nicht!

Was zum Teufel glaubten die denn eigentlich! Eminenzen, Studierte, die ganz genau wissen wollten, was das Beste für mich war? Die mir klarmachen wollten, genau zu wissen, wie es in mir aussah? Waren die Hellseher? Wäre meine Lebenslage nicht zum Heulen gewesen, hätte ich mich spätestens jetzt zu Tode gelacht. Lieber Gott! Weißt du eigentlich, wie sich Dein Bodenpersonal auf der Erde benimmt! Nach welchen Gesetzen die handeln! Wie viel Leid und Kummer deine Getreuen ihren Mitmenschen in heuchlerischer Art, satanischer Absicht und in deinem Namen verbreiten?!

Nur so nebenbei sei erwähnt, dass es doch nie dein Wille sein könnte, dass in den Pflegeinstitutionen alte Menschen, vor allem Männer, ihre mühsam heraufgewürgten „Chöderlige" auf Geheiß der Eingekleideten wieder schlucken mussten! Welch grausame Kröten! Welch Erniedrigung! Wäre es in Deinem göttlichen Willen, dass, in abgrundtiefer Verachtung gegenüber dem männlichen Wesen, einem pflegebedürftigen Mann die Geschlechtsteile gewaschen, abgewischt oder von Kot abgeschmiert und das Wort „Pfui" zugleich ausgesprochen wurde? Und das in deinem Namen! Von deinem idiotisch programmierten Bodenpersonal! Ich könnte kotzen! Schreien! Ich heule, weine! Die über alles Erhabenen, Frommen verleugneten zu dieser Zeit selbst noch die Tatsache, dass auch sie durch Lust und ausschließlich nur durch Sex gezeugt wurden! Ja! Womöglich von einem Kerl, der geil war, und einem Weib, die die Geilheit wollte zu ihrer Lustbefriedigung, oder das Bodenpersonal Gottes selbst Unfälle, Kuckuckskinder waren oder sogar aus einem Inzest stammten! Oder sie wurden, welch Gnade, durch den Akt gezeugt in inniger Verbundenheit und der göttlichen Liebe zwischen Mann und Frau. Aber eines ist sicher! Mit tausendprozentiger Sicherheit wurde keine Nonne durch den heiligen Geist gezeugt! Oder gibt es diesbezüglich nur einen einzigen minimalen Beweis?! Es ist doch schlichtweg Tatsache, dass sehr viele Klosterbewohnerinnen und -bewohner hinter den dicken Mauern abgeschottet, nach eigens für sie geschaffenen Gesetzen lebend, von der Gesellschaft in keinster Weise mehr einen Realitätsbezug zum heutigen, im Außen gelebten Leben haben. Es sei denn, es handle sich um eine Klosterfrau wie die damalige Hildegard von Bingen! Meine Hochachtung! Ich verbeuge mich vor ihr! Und trotzdem schreie ich mittlerweile förmlich nach der Autobahn zu Gott! Ich will mich endlich beschweren können! Lieber Gott, sieh hin! Wirf ein Auge auf die Erde und deren Bewohner! Wo ist das Paradies auf Erden? Hast Du mich gefragt, ob ich auf diese Erde kommen wollte? Nein! Ich musste das Paradies verlassen! Dem Glauben entsprechend wurde mir mein Leben geschenkt. Ein Geschenk Gottes! Ich werde verrückt! Die Tatsache ist doch, dass sich meine Eltern liebten! In aller Liebe Sex praktizierten und sich ein Kind wünschten! Vater hatte mich gezeugt und Mutter ausgetragen! Alleine sie haben mir mein Leben geschenkt! Es war eine Laune der Natur und der Genetik, dass ich gesund das Licht der Welt erblickte. Ein Geschenk, dass meine Ankunft liebevoll vorbereitet war. Gott sei Dank wurde mir kein Lebensbuch mit meiner Lebensvorschau gezeigt. Davongelaufen wäre ich! Punkt Amen! Und sonst? Was passierte mit mir? Mein Herz und meine Seele brannten für dieses ungeborene Kind! Meine Gefühle waren voll entfacht. Einfach göttlich! Ich gebe mein Kind nicht her! Nie! Nie! Ich hätte mein Kind die nächsten sechzehn Jahre nie mehr erhalten! Unfassbar und erschreckend! Unglaublich, welcher Film vor meinem Auge ablief. Die letzten drei Schwangerschaftsmonate bei den Nonnen! Gebären bei den Nonnen! Sofort nach der Geburt abstillen! Dreißig Minuten pro Tag das Baby sehen! Mich fror, schauderte! In meiner Seele war tiefste Dunkelheit! Ich schrie. Mein Herz schmerzte, ein brutaler Stich durchbohrte es. Es blutete und war schwer wie Blei. Ich dachte an all die Mädchen oder Frauen, die die gleiche Situation, wenn vielleicht auch aus anderen Gründen und in der Not heraus, erleben und sich dem ganzen Behördenapparat und der sich vielleicht einzigen Lösung beugen mussten: Ledigen-Mütterheim! Unterwerfung! Der Sprache beraubt! Kaltgestellt! Ausgegrenzt! Innerlich leer! Zur Gefühls- und Emotionslosigkeit gezwungen! Wenn möglich bei Ungehorsam mit Essensentzug! Oder Schlägen! Missbrauch! Und verdammt auf dieser Erde zu leben! Welch große Seelenqual! Es entspricht ja auch der Tatsache, dass früher tausende Mütter, weil sie zum fahrenden Volk gehörten oder sonst in irgendeiner Art und Weise nicht gesellschaftskonform waren, durch die Willkür von Behörden, Ämtern und sonstigen Institutionen ihre Babys, ihre Kinder unter Zwang und Drohung hergeben mussten!

Wenn nicht freiwillig eine Herausgabe der Babys und Kleinkinder erfolgte, wurden diese den Eltern mit Gewalt entrissen! Die Eltern sahen ihre Kinder nie wieder! Sie suchten sie Jahrzehnte verzweifelt! Das war Raub! Enteignung! Grausam! Unvorstellbar das Leiden der Eltern! Unvorstellbar das Leiden der traumatisierten Kinder! Durch Behördenwillkür verursacht! Ich kann meine Tränen der Wut nicht mehr unterdrücken! Ich muss einfach weinen ob diesem unfassbar begangenen Verbrechen! Tränen sind Scheibenwischwasser der Seele! Tränen reinigen, entlasten und entspannen! Tränen vertreiben die Wut! Ich fühle die Verzweiflung und Hilflosigkeit der Eltern und die der Kinder! Brutal! Unfassbar und in Worten nicht zu beschreiben. Und wo war denn da die Kirche? Natürlich war sie da! Wortlos! Hilfreich nur den Behörden und Ämtern gegenüber! Wo das Bodenpersonal Gottes, welches die Liebe Gottes und die Nächstenliebe immer wieder predigen, predigen und nochmals predigen! Was leben denn die eigentlich? Nach welchen Grundsätzen und ethischen Grundregeln? Welch eine Versündigung den Fahrenden gegenüber seitens der Kirche, der Behörde und einer sonstigen ehrenwerten Institution, die ich hier weder nennen mag noch will!

Und ich? Ich bin abgeschweift in meiner Gedankenwelt und kehre nun zurück zu mir! In mein Innerstes Ich! Ich betete und flehte, dass ich Kraft erhalte und eine gute Fügung alles zum Besten werden ließ! Ich hoffte! Und es wurde! Ruhig und voller Zuversicht wendete ich mich wieder der Gegenwart und nahen Zukunft zu. Also, nichts wie los, in die Richtung, in der ich Licht sah! Ich ging unseren Weg! Leinen los Richtung Ehehafen! Oh Gott, wir heirateten wirklich! Sehr gut! Alle Gefahr seitens Amt, Behörden, Nonnen und so weiter verbannt, weg! Hatte mir Gott geholfen? Glaubte ich wieder voll und ganz an Gott? Vertraute ich wieder voll und ganz auf die Hilfe von Gott? Ich lief ja immer noch meinen mühsamen Lebensweg! Oder war ich jetzt auf der Autobahn? Richtung Gott? Oh nein! Der Kindsvater war entscheidend betreffend Eheschließung! Da war keine Äußerung, zum Beispiel ein gehörtes oder ein erahntes durch einen Traum vermitteltes Ja oder Nein Gottes zu hören! Gut, das mit dem Kindsvater stimmt so nicht ganz. Denn wirklich am entscheidendsten war die Behörde. Die musste mich zuvor volljährig erklären, damit eine Verehelichung überhaupt möglich war in meinem Alter. Der Kindsvater wie ich wurden verhört und ausgefragt über unsere Motivationen und Willen betreffs Eheleben und Elternsein! Dass der brillentragende, glatzköpfige, bierbauchige, verfettete und starre Beamte nicht noch nach der Intaktheit meines Jungfernhäutchens vor dem Akt mit dem Kindsvater fragte, ist nach all dem Erlebten eigentlich im Nachhinein ein gewaltiges Wunder. Ich hätte ihm von der Schändung, dem Missbrauch durch einen unserer Familie nahestehenden Menschen erzählen können. Doch Schmerzen, Erniedrigung, Gewalt, Angst und Pein hören sich in Worten gelinde an gegenüber dem Erleben der Opfer. Die Geilheit und Gier! Macht! Kontrolle! Ich sprach das grausam schmerzhaft Erlebte nicht aus. Im Gegenteil! Ich blieb schweigsam wie ein Grab! Es reichte, dass er mich mit seinen Augen verschlang! Ich spüre noch heute diesen erniedrigenden, abschätzigen Blick und die Musterung meines Körpers durch die kalten Augen des so hochgestellten und Macht demonstrierenden Beamten auf meiner Haut. Gruselig! Schmierig, wurstig seine Finger! Patschig, ekelhaft seine Hände! Seine Gedanken? In diesem Augenblick? Ich hätte sie nicht wissen wollen! Mit Sicherheit nicht koscher! Eher im Sinne von Jungfrau, Entjungferung, Sex, geil! Kerzengerade saß ich auf dem Stuhl, flehte um Kraft und Beistand und ersehnte mir nichts mehr, als endlich Ruhe zu haben vor den Behörden und mit meiner Volljährigkeitserklärung in der Hand gehen zu können. Hinaus an die frische Luft! Atmen! Frei sein! Und dann! Dann erhielt ich dieses ach so wichtige Dokument! Dann haben wir als zukünftige Eltern so richtig Gas gegeben! Ich bin in voller Kraft und Energie aufs Pedal getreten! Ich ging schwanger! War stolz auf meinen Babybauch! Lebte gesund, jedoch mit ein paar Wermutstropfen im Herzen liegend, glücklich! Gestaltete das Kinderzimmer! Richtete die Wohnung ein! War Ehefrau und strickte Babygarderobe! Ja, ich fuhr auf der Überholspur! Jedoch nicht auf der Autobahn zu Gott! Nein! Aber auf der Überholspur einer

Weggeraden! Führend in unsere Familienzukunft. Ehrlich, die Kraft, da bin ich mir heute sicher, erhielt ich von einer höheren Macht. Die Macht war in mir, ich betone, in mir! Freigesetzt worden. Und dazu viel, viel Mut! Oder war es doch Naivität? In dieser Zeit war ich alleine durch meine Stoßgebete, die Erhörung und Erfüllung meines Bittens und Flehens beschäftigt und befriedigt. Weitere Gedanken über die geistige Welt und deren Wirken hatten keinen Platz in meinem Leben als frischgebackene Ehefrau und werdende Mutter! Ich fühlte mich gut! Geborgen und im Frieden lebend! Ich gebar eine gesunde Tochter! Halleluja! Danke! Wie komme ich überhaupt darauf, zu behaupten, dass keine Autobahn zu Gott führt? Nur weil ich sie nicht sehe? Nicht erfassen kann mit meinen Augen, meinem Verstand oder meinem Geist?

Nach vergeblicher Reanimation eines anderthalbjährigen Babys auf der Intensivstation hatte uns Professor Krug mal erklärt, dass kleine Kinder, würden sie sterben, immer sofort, auf dem geradesten Weg, vielleicht doch auf einer Lichtstrahl-Autobahn, gleich wieder zu Engeln würden und direkt in den Kinderhimmel, hin zu Gott gehen dürften! Weil ein Kind ja noch keine Schuld auf sich geladen hätte und somit als Sternenkind und rein in den Himmel zurückkehren würde.

Seelchen sieht man ja nicht! Somit auch nicht den in den Himmel führenden Weg. Gut, ich selber habe noch nie eine Hinweistafel gesehen mit der Aufschrift „Gotthausen" oder „Christusdorf". Kein Wegweiser mit der Aufschrift „Jenseits" oder „St. Garten Eden". Wünschen, dass es sie gäbe, würde ich mir sehr. Anleitungen, Vorschriften und Schriften gibt es wahrlich im Überfluss! Die Bibel als Leitbuch, Lehrbuch, Gelehrtenbuch und Offenbarung. Ja. Die existiert. Nur, eine Bibel zu lesen, entschuldigt, zu studieren, das Geschriebene zu verstehen und all das Mitgeteilte noch in mein Leben integrieren und aktiv leben zu müssen, um Gottes Willen! Da benötigt man Jahre, das erscheint mir eine Lebensaufgabe zu sein. Und um ehrlich zu sagen, eine nicht allzu sinnvolle! Könnte ich heute eine Bibel schreiben, würden da auch Gutmenschen wie Jesus einer war, Verbrecher, Judasse, Jünger, Hasser und sämtliche Herrscher über Ländereien und alle Kriege rund um den Globus erwähnt werden! Gesetze existieren zuhauf! Wo bitte liegt der Unterschied zum neuen Testament in Anbetracht dem Geschehen auf dieser ach so herrlich gestalteten Erde? Was soll ich mich also beschäftigen mit einem Buch, das mich vor keinem Schicksalsschlag schützt, und ich der jeweiligen Reife und Entwicklung entsprechend meine Erfahrungen auf allen Ebenen des Seins machen muss? Das heißt, ob ich letztendlich wirklich am Lebensende bei Gott ankomme, weiß ich ja nicht! Es führt ja augenscheinlich und letztendlich doch keine Landkarte mit der Einzeichnung einer Autobahn zu Gott! Mich belustigt und fröstelt zugleich die Vorstellung und Idee, dass es doch noch spezifisch eine geben könnte! Mein Gott! Stell dir das mal bildlich vor! Eine Autobahn Richtung Gott oder eine Richtung Satan oder eine speziell Richtung Kinderhimmel oder letztendlich noch eine Richtung Grauzone, der Zone für das Erdgebundensein. Die Autobahn Richtung Erdgebundensein müsste ja dann doch ein Kreisel mit der Abzweigung Grauzone, Erde, Himmel sein. Irgendwie kommt, laut den Aussagen, von Menschen mit Nahtoderfahrungen immer wieder ein Engel und versucht, dem verirrten Seelchen klarzumachen, dass es eigentlich im erdgebundenen Dasein und der Grauzone kein Heil erfahren, und auch seinen noch auf der Erde lebenden, geliebten oder gehassten Zurückgebliebenen nichts mitteilen kann. Mich belustigt diese Vorstellung der verschiedenen Autobahnen. Ich möchte ja zu gerne als Mäuschen irgendwo hinter einem Busch lauern und äugeln, wer aus reinem „Gwunder" doch mal die Autobahn zum Satan, zum Teufel, befahren würde. Und für mich wäre die Autobahn zu Gott ideal, weil sie mir auch als Distanzmesser dienen könnte! Natürlich würde ich mir auch sehnlichst wünschen, dass ein Seelchen vom Himmel zurück auf die Erde kommen würde! Uns jubelnd mitteilen und beschreiben könnte, wie wunderschön es sich im Jenseits, dem Garten Eden und im Himmel leben lässt. Oh, wie würde ich mir diese Autobahn wünschen! Wie schön! Wie einfach! Wie klar! Ohne Stoppstraßen! Ohne Kreuzungen! Ohne Sackgassen! Ohne Regeln! Ohne Vorschriften! Schlicht und einfach eine Autobahn! Mit ganz klarer Linienführung! Geradeaus! Mit Pannenstreifen? Ja! Tempobeschränkung? Nein! Einfach schnurstracks hin zum Ziel, zu Gott! Aber was geschieht stattdessen! Tausend Straßen und Gassen stehen offen! Kreuzungen, Sackgassen, Vorschriften, Gesetze, Verbote, Beschränkungen, Auflagen und Zwänge werden mir präsentiert! Ich meine diesbezüglich diejenigen sämtlicher Glaubensgemeinschaften, Vereine, Sekten, Vereinigungen und Institutionen mit aller von Menschen verursachten und niedergeschriebenen Angst, Panik und nicht nachvollziehbaren Praktiken, Riten und so weiter! Ein unübersehbares, vielfältiges Stolpernetzwerk an Angeboten und Fangnetzen! Und was passt zu mir? Was wähle ich für mich ganz persönlich? Mit wem und in welcher Form und Art will ich den Weg zu Gott beschreiten, begehen, hin ins Paradies? In welche Glaubensinstitution würde ich passen? Bei näherem Hinschauen und Hineinhören in die verschiedenen christlich getönten Institutionen und was damit verbunden wird und ist, grenzt das oft für mich an eine Freiheits- und Lebensqualitätseinschränkende Seuche und ein nicht enden wollendes Vorhaben! Eine Seuche deshalb, weil sie wie eine Krankheit lähmen kann, Blindheit verursachen und Kälte verbreitend wirkt und letztendlich zu Gier, zu Macht, zu Kriegen führt und nicht impf- geschweige denn ausrottbar ist! Menschen verursachte Glaubenskriege! Ja, genau! Nie von Gott gewollt! Nein, mit

Sicherheit nicht! Tiere quälen, Menschen foltern und töten, Kinder missbrauchen und seelisch zerstören! Nein, Gottes Wille kann das nicht sein! Wir haben den freien Willen erhalten! Ja, wir alle, du und ich! Wir alleine können wählen, ob wir uns dem Bösen, Satanischen oder dem Guten, Göttlichen zuwenden. Du und ich, wir können wählen, ob und in welcher Art wir mit unseren Mitmenschen, der Natur und den Tieren umgehen und sie behandeln wollen. Es ist nicht zu leugnen, dass der Mensch zwei Seiten innehat. Dass in jedem Menschen das Tier, die Bestie, Gott, Satan schlummert oder eben wach ist!

Es besteht beides! Fluch oder Segen? Gott hat beides erschaffen! Er hätte doch die Möglichkeit gehabt, den gefallenen Engel Luzifer zu eliminieren! Meine Güte, was wäre uns da alles erspart geblieben! Die Schlange hätte es nicht gegeben und Adam und Eva hätten beruhigt den Apfel essen können und wir müssten uns nicht mühsam mit Gut und Bös umher schlagen und abrackern! Es ist doch so! Ein Tier lebt nach den ihm von der Natur gegebenen Gesetzen! Der Mensch tut dies nicht! Du und ich, wir sind doch so oft der Versuchung ausgesetzt, schnell eine Übertretung von Gesetzes oder menschlicher Seite her zu begehen. Jesses, wie schnell sind in der Versuchung die zehn Gebote vergessen! Die Tugenden! Die Moral und Ethik! Die Nächstenliebe und Hilfe! Macht, Hass, Neid, Gier, Verachtung, Härte, Gewalt, Brutalität, Überheblichkeit, Rachsucht, die gemeinhin als Untugenden bezeichnet werden, haben sehr oft Priorität gegenüber allem Sein! Mensch, was ist aus dir geworden! Hast du vergessen, dass es ein ungeschriebenes Gesetz gibt!? Ein Gesetz, das seine Wirkung in allem Sein ist? Ja, Mensch, ich kann verstehen, dass alles, was nicht sichtbar ist, keine Bedeutung hat.

## URSACHE UND WIRKUNG

Wie viel Leid, Ungemach, Enttäuschung, Verbitterung, Wut und Tränen könnten beim Beachten der zwei Worte vor jeder Handlung vermieden werden. Ja, der Bauer war wohl der erste, der dieses ungeschriebene geistige Gesetz kapiert hat. Will er nämlich Rüben ernten, muss er auch Rübensamen in die Erde legen. Will er Kartoffeln ernten, nützt es ihm nichts, die noch übrig gebliebenen Rübensamen zu säen! Ursache ist: Du säst Rübensamen. Die Wirkung ist: Du wirst Rüben ernten. Punkt. Ursache und Wirkung! Ein nicht manipulierbares, ungeschriebenes geistiges Gesetz! Weshalb glaubt und ist der Mensch nach wie vor überzeugt, wenn er Hass sät, könne er Liebe erwarten? Oh, liebe Mitmenschen! Wir sollten die Untugenden hinter uns lassen, uns von ihnen befreien und einen Gemütszustand anstreben, den man als heitere Gelassenheit und Reinheit bezeichnen könnte. Die Harmonie im Selbst wäre dringend notwendig, falls die Fülle der inneren Vollkommenheit und Kraft im äußeren Leben Ausdruck finden soll. Ein wahrscheinlich lebenslang andauernder Prozess. ZweiWorte, die einem so simpel erscheinen und ein doch extremes Zündmaterial enthalten. Und eine unglaublich hohe Anforderung an jeden Menschen stellen. Tag für Tag sich der zwei Worte bewusst sein! Tag für Tag an unseren Einstellungen, Überzeugungen, Gedanken und unserem Verhalten gegenüber der Natur, dem Tier und dem Menschen arbeiten! Und hilft uns da Gott? Nein! Das ist Knochenarbeit an unserem Selbst! Wir haben den freien Willen erhalten! Keiner muss! Aber jeder darf! So ist das! Ich darf gar nicht daran denken, wie oft ich schon zu Gott gefahren, nein, gerast wäre! Wie oft hätte ich ihm schon meinen Kummer und meine Sorgen als Riesenpacket persönlich überbracht, vor die Füße geschmissen! Von Angesicht zu Angesicht hätte ich ihm alles Belastende anvertrauen wollen! Vielleicht klagend, aufgeregt, wütend, zeternd, wer weiß! Wie oft, zu jeder Tages- oder Nachtzeit, hätte ich an seine Tür geklopft und mir Einlass erhofft, nein, erwartet, begehrt! Um mit ihm, Gott, meine ganze Kummer-, Sorge-Serie durchzuackern, durchzudiskutieren und Lösungen zu erarbeiten! Gut, könnte durchaus sein, dass ich ohne Lösungen direkt hätte kehrt machen müssen. Tschau Himmel! Gegrüßt seist du, Erde! Wieso eigentlich kommt mir jetzt dieser Gedanke in mein Hirn und in die Quere? Gott ist doch die reine Liebe! Ja, ist er laut der Kirche! Nein? Was denn jetzt!? Wieso könnte er mich, ohne mit mir Lösungen zu erarbeiten und mich zu beraten, mir alles auf dem silbernen Tablett bietend, zurückschicken? Wie viele Schreiben mit Bitten, Fragen und Dankesworten hätte ich schon in seinen Briefkasten eingeworfen? Natürlich habe ich die Idee, dass die Öffnungszeiten am Ende der Autobahn bei Gott rund um die Uhr bestehen sollen, müssen! Und dass ich auch immer freundlich und in aller Liebe von allen Himmelsangestellten empfangen würde! Von wem genau? Am besten von einem Engel, dem Himmelstüröffner, der meine Sprache spricht und mich versteht! Oder vom Chef selber! Gott ist doch mein Chef! Ich muss größenwahnsinnig sein, schon nur einen derartigen Gedanken zu kreieren! Aber um ehrlich zu sein, belustigt mich dieser Gedanke sehr! Der Chef persönlich öffnet mir die Himmelstür! Welch eine Ehre! Dieser Gedanke, aus dem Hirn eines Erdenbürgers und Pilgers! Einem Lehrling auf unterster Stufe und aller Anfänge! Ich, winziges Kleinstlebewesen im vielleicht x-ten Leben! Was mich in einer Autobahnraststätte erwartet, weiß ich ziemlich genau. Ein Kiosk, ein Restaurant und Personal. Ich suche mir die Artikel aus, die ich kaufen will, fülle den Benzintank, bezahle an der Kasse und verlasse die Raststätte. So einfach ist das! Keiner und keine stellt mir eine persönliche Frage. Keiner und keine fragt mich, wo ich herkomme und wo ich hingehe und ob ich nach den Gesetzen oder Anleitungen von irgendeiner Kirche oder sonstigen Institution lebe. Dass keiner fragt, dessen bin ich mir sicher! Am Ende der Autobahn aber, die zu Gott führen würde, in dessen Raststätte würde ich wohl nicht so glimpflich und notabene sauber davonkommen. Überhaupt! Welche Kleidung würde ich mir anziehen? Welche Frisur und in welchem Styling würde ich mich auf die Reise machen? Was an Werten, Überzeugungen, Belegen, Zeugnissen, Aus- und Beweisen würde oder müsste ich mitnehmen? Um ihm, Gott, zu gefallen? Ihm zu genügen? Ihn zu überzeugen? Habe oder hätte ich überhaupt ein Privileg, bei Gott Einlass zu erhalten? Wer nimmt mir vorher in Form einer Prüfung die Tauglichkeit und Fähigkeit, Gott anerkannt zu sein, ab? Die Menschen? Ein Mensch? Oh, nein! Ich möchte nur mal einem Menschen begegnen, der, wenn es eine Autobahn zu Gott geben würde, Einlass und den Persilschein in die Hand gedrückt bekäme! Gut, vielleicht der Papst hätte so ungesündigt gelebt. Kann aber nicht wirklich sein. Denn der Papst war ja auch mal jung, bevor er zum Papst gewählt wurde. Und noch etwas beschäftigt mich sehr und da erzürne ich vielleicht eine Glaubensgruppierung, wenn ich schon fast ketzerisch schreibe: Es kann nicht sein, dass ein kirchenbefohlener Priester einem Beichtenden nach der Beichte sagen kann: „Dir ist vergeben!" Kruzifix, nur Gott kann vergeben oder du dir selbst! Oder derjenige, dem du Unrecht getan hast. Ich möchte zu gerne wissen, wann und wie Gott den Kirchendienern mitgeteilt oder eine Urkunde, ein Diplom überreicht hat, dass er, der Kirchendiener, dazu befugt ist zu sagen, dir ist vergeben und der Erdenpilger ist sündenfrei!

Gott, oh Gott! Haben nicht schon meine Urverwandten aus den Anfängen der Hunderterjahre genau diesen Gott, zu dem ich auch bete, gekannt? Meine Ahnen kannten da im 16. Jahrhundert schon die segensreichen Worte, die sie an die Häuser ritzten. Die Hochzeits-, Trau-, Tauf- und Beerdigungszeremonien. Die Verbindung zwischen Gott und Luzifer, Satan, dem Teufel. Im Mittelalter hat es viele Menschen, dunkle Gestalten mit mysteriösem Hintergrund, gegeben, die Verfluchung ausgestoßen und auch Teufelsaustreibungen vollzogen haben. Jesses! Gott hat ihnen mit Sicherheit diesbezüglich nie, nie einen Auftrag erteilt. Und so war doch ihr Handeln durch das Niedere im Hirn produziert und mit falschen Impulsen versehen worden. Heute würde man sagen: Huhu, die falsche Platte aufgelegt, in Gottes Namen, Amen! Bei mir wurlen schon wieder tausend Gedanken durch meine Hirnwindungen bezüglich der Tatsache, was alles in der Welt unter den Worten „in Gottes Namen, Amen" verbrecherisch geheuchelt und in Worten und Taten vollzogen wird! Meine Güte! Gäbe es die Autobahn, wären alle Spuren – nehmen wir mal an, die Autobahn würde sechsspurig verlaufen – voller klagender, zorniger, verwirrter und auf dem Asphalt kriechender Menschen. Wieso glaube ich das? Stellt euch vor, wie viele x-tausend Menschen ihrer Freiheit beraubt werden durch abstrakte Kirchen- und Glaubenskonstruktionen! Wie viele x-tausend Menschen stündlich in Todesangst leben! Am Ende ihres Lebens auf dem Sterbebett, ja, traurig, und das, weil Kirchenfürste, Päpste, Scheinheilige, Pfaffen und machtgierige Menschen über Jahrhunderte ihre Untertanen in Angst, Isolation und seelischer Zerstörung schmachten und dahin vegetieren ließen, indem sie ihnen die Hölle, Luzifer und das Fegefeuer als unendliche Qual und eine von Gott auferlegte Strafe in ihr Herz, die Seele und das Hirn meißelten! Für Verhalten, angebliche Sünden, die sie als lernende Erdenpilger gemacht haben! Diese Menschen haben das Gesagte der Kirchenherren natürlich in vollstem Gehorsam und als Untertan ohne Rechte eins zu eins geglaubt! Kommt noch dazu, dass viele Menschen dazumal weder schreiben noch lesen konnten! Nur die Ranghöheren und Geadelten verfügten über dieses Privileg! Die Arbeit war pickelhart, mühsam, kräftezehrend, den Körper, die Muskeln und Sehnen zerstörend und das Überleben war oft nicht wirklich durch einen bestehenden Wert abgesichert und gewährleistet! Unterordnen, gehorchen, schweigen! Nichts sehen, nichts hören, nichts sagen, so hieß das Motto! Jeglicher Widerstand wurde durch Ächtung und Strafe gebrochen! Wahrlich gibt es immer noch Kirchenfürste und Mächtige, die das Gefühl haben, sie seien Gott und hätten alle Rechte! Selbst das Recht, ein Kind zu missbrauchen!

Und heute? Heute gibt es Sekten. In jeder Art und Form. Sekten mit Stil, mit nach außen hin sehr guten Vorgaben. Doch wehe, du gliederst dich ein! Punkt! Fertig! Ende der persönlichen Freiheit! Aus mit freiem Wille haben! Aus mit Entscheidungsrecht! Und! Wahnsinn! Das im Namen Gottes! Und nie, nie, nie war nur ein hohes Tier der überheblichen Kirchendiener einmal bei Gott, Allah oder Mohammed persönlich! Nie wurde denjenigen mal eine Lektion von Auge zu Auge und Angesicht zu Angesicht erteilt! Oh, natürlich haben die Gescheiten, die Revoluzzer und Machtgierigen die Bibel gelesen! Den Koran!

Und? Wie, wo, was haben sie daraus gemacht? Oder gelernt? Nichts! Rien! Sie züchteten unterdrückte Völker! Not und Leid! Und wie oft wurde die Bibel, der Koran überarbeitet? Und wo, wie, wer war überhaupt im Stande, die urururalten Zeichen und Kritzeleien genau zu deuten? Genauestens zu übersetzen? Hat Gott ihnen dabei geholfen? Hatten die Ureinwohner, Analphabeten, Revoluzzer und die Reformatoren einen heißen Draht nach oben? Nein! Logischerweise sagt dir ein jeder Gläubige, Gott hat immer ein offenes Ohr! Gott erhört deine Gebete und du kannst immer mit ihm sprechen. Ja, sicher! Ich kann auch zu jeder Zeit mit dem Christkind, Sankt Nikolaus oder dem Osterhasen sprechen. Fragen stellen! Bitten! Eine Antwort? Nein! In menschlichem Sinne erlebte ich das noch nie. Dass Gott mir – auch nicht im Schlaf – direkt mit seiner Stimme eine Antwort gegeben hätte. Erhörung? Zufälle? Glück? Schicksal? Bestimmung? Viele Fragezeichen!

Ich neige eher zur Annahme, dass die Veränderungen, Überarbeitungen der Bibel und vieler anderer Schriften ausschließlich aus den Hirnen und dem Willen von ein paar Individuen entstanden sind. Ob die vielen Übersetzungen und Auslegungen der alten Schriften stimmen und original getreu sind, kann mir letztendlich kein Mensch, auch nicht der Studierteste, beantworten. Alles Lug und Trug? Die Menschheit manipulierend? Macht ausüben über ganze Kontinente. Ja, genau das passiert täglich! Aber nein, ich will keine Energie mehr in derartige Gedanken, Spinnereien mehr investieren. Zu destruktiv und nicht lebensmotivierend!

Zurück zur Autobahn! Was, wenn die Autobahn wie bei uns auch im Gegenverkehr existieren würde!? Herrlich, und faszinierend ist diese Vorstellung! Verrückt! Horror und Heil zugleich! Stell dir vor, was da los wäre! Dies würde heißen, dass die Ausflügler, die bei Gott vorbeischauten, nach einem Ausflug mit Engeln und Bengeln auf der Autobahn gleichsam einherfahren, rasen oder bummeln würden. Engel auf Wolke! Auf der Autobahn! Schutzengel, auf Wolkenfetzen rasend! Stell dir das Geflatter mal vor! Jeder Mensch wird ja Tag und Nacht von seinem Schutzengel begleitet! Schutzengel mit weit aufgerissenen Augen über oder neben ihrem furcht- und rücksichtslosen Raser, Lichtengel, sitzend auf Kometen auf der Autobahn, ihren Schützlingen, die ohne Licht unterwegs sind, Licht gebend folgend! Und dann Luzifer! Luzifer wartend mit glühend roter Verkehrskelle, alle Sünder umleitend in die Hölle winkend, Erzengel Michael mit seinem Lichtschwert auf der anderen Spur! Alles Böse, inklusive Luzifer vertreibend. Und? Wo wäre Gott? Sitzt er im Jenseits auf dem Thron? Sieht dem Wirrwarr zu? Lächelnd oder wütend? Liebend trotz dem Irrsinn auf der Erde? Nein, ein Wahnsinn diese Vorstellung, auch bildlich gesehen. Könnte ich malen, ich möchte, nein, ich würde, müsste dieses Bild malen, alle diese Vorstellungen. Oh, das ergäbe ein kunterbuntes, verrücktes, ein tolles Wirrwarrweltbild! Mit Sicherheit herrlich anzusehen! Oder auch schrecklich? Unvorstellbar die Vielfalt und Farbenpracht, die auf diesem Gemälde sein würde. Ja, und Gott? Er könnte vom Jenseits zu mir, zu dir, zu uns kommen! Uns allen subito im Klartext predigen, was Sache und letztendlich die Erfüllung ist! Und wo ich stecke im Leben, im Glauben an ihn. Ich möchte ihm tausend Fragen stellen! Und vor allem brennt mir superheiß eine Frage unter den Nägeln! Nein! Überall! Sie lässt mich nicht mehr los!

## WIE ALT IST GOTT?

Wann und wo ist er geboren? Wenn Gott die Welt und die Menschen erschaffen hat, vor wie vielen tausenden Jahren? Wo, wie steht das genau geschrieben? In Hieroglyphen? In Kritzeleien? In Fels gebrannt? Im Wasser irgendwie spiegelnd sichtbar? Ja, in der Bibel steht diesbezüglich eben nichts geschrieben! Oder? Fehlt in meiner Bibel genau diese Seite? Könnte ja sein, dass ich eine Seite übersprungen habe oder nicht beachtet. Ist Gott geboren worden und x-tausendmal wieder gestorben und wieder geboren? Unglaublich meine Gedankengänge! Wer um Himmelswillen hat da eine Antwort! Keiner! Niemand! Und eine Autobahn zu Gott hätte es in frühester Zeit ja auch nie geben können! Höchstens Karrwege, befahren von Eselsgespannen, hie und da einem Pferd mit Reiter, Esel oder Kamel! Und Menschen in allen Farben, Variationen und Gebrechen. Also, das macht mich jetzt konfus und wirr! Total! Wie alt ist Gott, zu dem wir beten? Dem wir alles anvertrauen? Wer weiß es und wo ist diesbezüglich irgendwo in einer Schrift etwas zu lesen? Klar, ich kann mir wegen der fehlenden Autobahn zu Gott jetzt auch nicht mit eigenen Augen Gewissheit verschaffen! Ich habe nicht die Möglichkeit, ihm persönlich zu schreiben! Ob er in seinem Alter überhaupt noch das Telefon abnehmen oder zurückschreiben könnte! Und eine Antwort von einem mir nicht bekannten Stellvertreter würde mich in keinster Weise befriedigen und schon gar nicht vertrauenserweckend oder gar ein Beweis auf meine Frage sein! Gott hat das Gute sowie das Böse zugelassen mit dem Fall des Engels Luzifers! So steht es jedenfalls geschrieben in den Schriften. Luzifer wünschte mehr Macht, dies wurde nicht gewollt von Gott und somit wurde Luzifer verstoßen! Fahr zur Hölle! Gesagt, getan und Luzifer fiel aus dem Himmel und gilt seither als gefallener Engel. Gefallener Engel! Weil er mehr Macht wollte! Er wollte mehr Macht! Heißt doch, dass er Chef sein wollte über alle Engelslegionen, über das von Gott Erschaffene! Chef sein im Himmelreich! Dem Jenseits! Chef von allen Erdenmenschen, der Natur, den Tieren, den Weltmeeren und dem unermesslichen All! Also Luzifer stritt mit Gott und Gott mit ihm! Oder hat Gott, ohne ein Wort zu sagen, ihn einfach in die Hölle verbannt? Gott ist doch die Liebe! Gott verzeiht! Vergibt! Und seinem Engel Luzifer nicht? Ist Gott so machtgeil, dass er sein Imperium nicht mit einem ihm einstmals nahestehenden Engel und Vertrauten teilen wollte? Ist Gott so erhaben? Oder war Luzifer größenwahnsinnig? Ein Idiot? Ein Narr? Und er soll gesagt haben, dass er ihm, Gott, Seelen streitig machen würde! Dass er mehr Seelen in die Hölle bekäme als er, Gott, in den Himmel! Wissen Sie, es brennt in meinen Fingern! Es brennt fürchterlich! Die Wörter stauen sich in meinem Hirn und gleichzeitig quirlen, quetschen sie sich und zwicken in meine Hand, meine Finger, um so schnell wie möglich auf Papier zu kommen! Gott und Luzi, der Teufel, der Satan! Gott in seiner höchsten Macht auf dem Thron sitzend im Garten Eden, Boss über alles, was fleucht und kreucht, leuchtet und fließt! Und da der verstoßene Luzifer! Ein Habenichts! Ohne Macht! Ohne Liebe! Ohne Gnade erfahrend, schmorend in der Gluthitze einer oder schon seiner Hölle! Statt in sanften Farben und Licht erfülltem, wallendem, seidenzartem Kleid und mit sanftem Flügelschlag sich durch die Lüfte des Himmelreichs bewegen zu dürfen, muss Luzifer, der gefallene Engel, barfuß auf glühend heißer Kohle stehen und gehen! Mit Hörnern bestückt, das Gesicht einer Fratze gleich und in der Hand haltend eine rot-schwarz feurige Gabel! Das Fegefeuer! Mein Gott, meine Güte! Wie viele Jahrtausende verbrennen die nun schon Kohle in der Hölle, damit ja das Fegefeuer nie erlischt! Irrsinn! Wahnsinn! Glaub der Teufel, wir haben zu viel Treibhausgas und die Erde ist gefährdet wegen Überhitzung! Oder doch nicht? Wenn zu viel Treibhausgas entsteht, steigen die Meere und viele Landesteile würden absaufen! Die schönen Seychellen! Ich könnte verzweifeln! Heile Welt! Traumhafte Strände! Unergründlich herrliches, faszinierendes Meer mit in schillernden Farben und Formen vorkommendem Fischbestand! Abgesoffen! Eines Tages kommt diese Nachricht, wenn man verschiedenen Leute Glauben schenkt! Klimakatastrophe! Wer um Himmelswillen liefert

Kohle für das ständige Instandhalten und Brennen des Fegefeuers? Ah! Depp! Satan kann ja unterirdisch graben! Graben lassen! Nein! Nicht graben lassen! Oder hält ein Seelchen, das sich auf der Erde nicht Gott zur Freude verhalten und gelebt hat, ein Fegefeuer, ein Höllenfeuer aus? Wie hält Luzifer das nur aus? Aus welchem Stoff ist Luzifer, der Satan? Natürlich könnten jetzt die Satanisten leicht eine Antwort geben! Allerdings haben die ihr Wissen auch nur von einem normal sterblichen Möchtegern-Machthaber! Satanskult! Teufelsaustreibung! Früher oft vollzogen! Ja! Auch heute noch! Mit Sicherheit heute auch noch! Kinder opfern! Frauen opfern! Nicht männliche Wesen! Nein! Wieso nicht? Es ist einfach himmelschreiend, zum Verzweifeln und vollkommen irr!

## DER GLAUBE!

Luzifer! Lest bitte nach in Wikipedia unter Satan! Nur das eine Datum fehlt. Hallo, lieber Gott, wie alt ist Luzifer? Wie alt? Welch eine Frage! Es macht mich Himmeldonnerwetter wütend und ich fühle mich verarscht! Denn keiner, niemand kann und gibt mir eine Antwort auf meine tausend und abertausend Fragen! Und ich soll glauben? Das Geschriebene in der Bibel glauben! Gehen Sie hin, dorthin, wo jetzt gerade die größten Konflikte und Kriege ausgetragen und gefochten werden! Welche Gräueltaten werden da vollbracht! Wie viel Leid und Not wird in diesen Ländern geschaffen! Glaubenskriege! Machtkriege! Neue Weltherrschaft! Der Koran! Die Schrift, die für die Einen das Nonplusultra und für die Anderen die totale Zerstörung, Unterdrückung, Tod und Leid bringend ist! Scharia! Und Gott ist irgendwo und schaut dem Treiben seiner Schäfchen, seinen Erdenmenschen, lächelnd zu? Ja also, bei den mordenden und Leid bringenden Horden weiß er mit Sicherheit, dass er keinem je vergeben wird, vergeben darf! In der Bibel steht in einem der zehn Gebote: „Du sollst nicht töten." Lese ich jedoch 4. Mose 31,14-15 so steht geschrieben: „So tötet nun alles, was männlich ist unter den Kindern, und alle Frauen die nicht mehr Jungfrauen sind; aber alle Mädchen, die unberührt sind, die lasst für euch leben." Und? Wie viele Tötungen geschehen täglich? Mir wird übel bei dem Gedanke, dass die Bibel als das „Heilige Buch" gelobt wird. Im Koran steht das Töten auch nicht primär als Gebot! Doch! Es gibt Suren, in denen geschrieben steht, dass Ungläubige getötet werden sollen! Und wir Christen sind für radikale Islamisten Ungläubige! Christenverfolgung! Mensch, was ist aus dir geworden! Verflucht noch mal! Könnt ihr nicht endlich in Frieden leben auf dieser so herrlichen Erde? Zusammen mit der so unglaublich vielfältigen, farbenprächtigen Fauna und Flora? Den herrlichen Flüssen, Seen und Meeren? Ich könnte mich totlachen ob der Gegensätzlichkeit meiner schönsten Bilder und dem Irrsinn, der gelebt und gelehrt wird auf dem Planet Erde! Leider kann ich mich nicht zu Tode lachen! Es ist mir eher, ich sei dem Tod näher durch innerliches Erfrieren ob so viel Wahn- und Irrsinn auf dieser Erde. Mutter Erde! Welch Wortkonstrukt! Ja, Mutter Erde! Die Erde! Uns nährend. Gebend und nehmend! Ja, beides! Oh Gott! Hilf! Sei nicht untätig! Du hast alles Leben, das Universum erschaffen und jetzt kannst du doch auch dort, wo es für Menschen unerträglich wird, deren Peiniger zum Teufel jagen! Fahrt hin zur Hölle! Wütet dort! Luzifer freut sich! Gott, erhöre die Gebete, das Flehen und Bitten der Verfolgten, Gefolterten, Vergewaltigten, der verzweifelten, hungernden und vereinsamten, verlassenen, weinenden Kinder und Alten, den

Ärmsten der Armen! Hilf! Jetzt sofort! Lass die mordenden, meuternden Krieger erstarren! Nimm ihnen jegliche Kraft! Entsende deine Engelslegionen! Bitte! Ich bin zutiefst traurig und meine Seele friert und bebt! Oh Gott, ich benötige jetzt Zeit und Ruhe, um in die Stille gehen zu können! Augen schließen! Ruhig ein und ausatmen! Ich bin wieder da! Was ist jetzt! Ich ordne meinen Gedankenknäuel in einzelne Fäden! Der Geist Gottes ist überall. Immer und ewig! Natürlich ist doch Gott von Anfang an Geist! Was, von Anfang an Geist! Als Geist geboren? Von und durch einen Geist geboren? Von wem? Gott erschuf die Menschen und die Erde! Wann erschuf Gott alle Engelslegionen? Die Frage jedoch, wer, wo, wann Gott erschuf, belämmert mich und liegt mir brennend im Hirn. Oh Gott, ich will es nicht leugnen, aber gerade jetzt fehlt mir die Autobahn zu dir sehr! Jetzt, um dreiundzwanzig Uhr fünfzig würde ich flugs in mein Auto steigen, auf die Autobahn fahren und mit Sicherheit rasen! Hin zu Gott, um ihm von Angesicht zu Angesicht genau diese Fragen stellen zu können! Wie spät ist es? Nun, Gott hat das Jenseits immer offen! Er ist immer da und hört unsere Gebete an und unser Gejammer. Erfreut sich an Dankes Worten, an Kindern und Menschen, die ganz brav nach allen vorgeschriebenen Regeln der Bibel leben. Gott! Wo ist die Autobahnzufahrt, direkt zum Himmelstor? Nirgends ein Wegweiser, ein Schild, ein Hinweis! Kein Eden und Jenseits in Sicht! Letztendlich können oder werden die des Nachts von den Toten der Erde ins Jenseits gegangenen Seelen auch nicht den Morgen, den ersten Sonnenstrahl oder die Öffnungszeit des Jenseits, des Himmels abwarten und in der Schlange anstehen, um Einlass zu erhalten! Aber eben, die heimgegangenen Seelen werden ja abgeholt! Von ihrem Schutzengel oder einem sonstig beauftragten Geistwesen! Herrlich! Abgeholt! Ab welcher Grenze gegen oben, unten, seitwärts! Himmel, natürlich immer steil von oben herab oder steil von der Erde, wo ich stehe, nach oben! Schließlich liegt der Himmel nicht seitwärts oder unter der Schweiz! Jäh werde ich aus meiner blühenden Phantasie gerissen! Eine Autobahn zu Gott! Kein Erdenwanderer hat eine Ahnung, wo diese hinführen müsste! Ja, ja, ins Jenseits! Aber um Himmels willen, wo befindet sich das so gelobte und gepriesene Jenseits? Wo? Wo? Wo? Ich weiß vom Standort Mars, der Venus, von Pluto, vom Mond, der Sonne, der Erde, aber vom Jenseits?! Fragen über Fragen und keiner, aber wirklich keiner hat eine Antwort auf meine lästigen Fragen! Lästige Fragen? Wenn ich nach der Bibel leben sollte, will ich doch auch wissen, wie das Jenseits aussieht. Und vor allem einfach und subito, wo es sich befindet. Und die Hölle! Wo ist die? Wo befindet sich dort der Eingang? Wird man vom Satan persönlich abgeholt? Auch von da keine wegweisenden Angaben! Ich wandere schließlich auch nicht in ein mir unbekanntes Land aus. Nein! Ich erkundige mich! Ich will wissen, wie die Landschaft geprägt ist, ob aus Stein, Sand, Seen, Flüssen, Wiesen, Wäldern und Hoch- oder Tiefebenen! Ich will auch wissen, ob meine Fähigkeiten, mein Ich, ich als Seele zum Menschgewordenen in diesem von mir ausgewählten Land bestehen könnte, genügen würde! Das Allerbeste ist doch, dass ich vor dem Auswandern diesem Land einen Besuch abstatten kann! Genau! Ich habe die Möglichkeit, mir Land, Leute, Fauna und Flora anzusehen! Und, ob ich im Süden, Osten, Norden oder Westen leben und wie ich logieren möchte! Ja, um Himmelswillen! Tu dies betreffs Ziels Jenseits! Oder der Hölle! Wo du laut biblischer Zeit tausende von Jahren verbringen darfst, musst, bevor du wieder auf der Erde den nächsten Lehrgang starten kannst, darfst oder musst! Nichts! Nada! Ich muss einfach im Glauben an das verheißungsvolle Jenseits auf der Erde wandeln! Was heißt hier wandeln!

Steile Klippen sind zu erklimmen, Felswände zu umgehen, Sprints zu bewältigen, Gewässer zu durchschwimmen, rudern oder auch abzusaufen, um wieder prustend, hustend und entkräftet aufzutauchen, um weiter zu leben, zu wandern! Immer weiter! Immer weiter! Es gibt unendlich viele Wege, die zu Gott führen! Oder führen würden. Über zigtausend Schriften, Sekten und Bekehrer. Es ist mir freigestellt, welchen der Wege ich begehen will, möchte, kann oder welcher mir als der Richtige erscheint. Wem ich glauben will oder kann. Wer, wenn nicht ausschließlich die Bibel alleine, ist mein Wanderkollege, Bergführer, Tauch- oder Fahrlehrer hin zu Gott? Wie oft habe ich mich auf Landwegen oder im Stadtgetümmel der Einbahn-, Sackgassen und Orts unkundigen Quartieren verfahren! Wenden verboten! Gut, irgendwo komme ich wieder auf die Hauptstraße! Auf eine Hauptstraße mit einem wegweisenden Schild! Mühsamkeit, Zeitverlust, Ärgernis, Frustration und vielleicht auch Wut. Ja! Das empfinde ich in solchen verfahrenen Momenten, Minuten oder Stunden. Auf der Autobahn? Oh mein Gott, wie herrlich! Zweispurig! Ja, ja, Augen und Ohren offen, nach hinten und vorne, aufpassen! Achtsam fahren! Das ist trotz der Herrlichkeit der Autobahn eine höchste Bedingung! Ich sehe das Schild in Bern von einer Stadt, die noch hunderte Kilometer entfernt ist! Verlasse ich zu früh die Autobahn, weiß ich ganz genau, dass ich direkt nach der Ausfahrt schon wieder die nächste Auffahrt beschildert sehe und befahren kann! Meine Güte, wie einfach! Klare Signalisation! Klare Straßenführung; außer sie sind am Bauen! Genau, so wie wir Menschen unsere Baustellen im Leben hier auf dieser Erdkugel haben. Mühsam, Mühsal! So einfach würde es sein mit der Autobahn zu Gott! Klare Beschilderung! Klare Führung! Rasante Fahrt! Die Vorstellung ist einfach phantastisch! Sie löst in mir ein unbeschreibliches Glücksgefühl und eine himmlische Leichtigkeit aus. Ich will, möchte dieses Gefühl behalten können! Ja, oh Gott, das möchte, will und erhalte ich mir als Vision! So, nun fange ich an, mir meine persönliche Autobahn zu Gott zu bauen. Wer, wie, wann und wo ist mir jemand bei der Planung behilflich? Wie soll die Spurenführung sein? Mit wie vielen Spuren? Eine hin und eine zurück? Weiche ich zu viel nach rechts oder links, habe ich die Möglichkeit der Korrektur! Aber was ich mit Sicherheit benötige, ist die Einplanung einer Kriechspur und noch eine als Normalfahrspur! Ich benötige auch die Einplanung von einem Rastplatz! Ja, das ist es! Vier Spuren! Der Rastplatz! Moment! Dem würde ich den Namen „Besinn-dich-Platz" geben! Und mit welchen Materialien würde ich die Spuren pflastern, asphaltieren, auskleiden? Auf welchem Terrain, durch welche Landschaft soll die Autobahn führen? Eines ist sicher: Es darf keine Landschaft sein, die mühsam zu bebauen ist! Brücken ja, aber keine scharfen Kurven, keine Sackgassen und Einbahnstraßen! Der Belag muss klar, mit sicherer Bodenhaftung versehen sein. Der Rastplatz müsste einen Ausblick haben. Auf was? Nein, nicht auf Berge und Seen. Aber auf das Jenseits am Horizont, äh, gen oben, gen Himmel! Eine Rast- und Ruhestätte mit Blick hin zum Jenseits. Genauso, wie vom Grauholz der Blick zum Stockhorn oder Niesen zu genießen ist! Während der Rast oder Besinnung werde ich mir klar, ob ich noch einen Ausflug oder einen Umweg machen will oder die geradeste, direkteste Strecke auswähle! Oh, nun fängt das Hirnen und Planen an. Tausend Gedanken, tausend Möglichkeiten! Meine Hand kann kaum erwarten, alles zu Papier zu bringen. Ich schreibe blitzschnell, getrieben von unsichtbarer Hand, es will und muss raus und drauf auf das Papier. Jetzt! Sofort! Stopp! So geht das nicht! Mir unterlaufen Fehler! Bitte das Tempo zügeln! Klar denken und schreiben! Gelassen und picobello planen! Nichts überstürzen! Ich habe Zeit, Zeit,

Zeit! Zeit, ja, halt mal! Wie viel in Stunden, Monaten oder Jahren? Wie viele Leben lang? Ich schmunzle. Was für Fragen spinnen meine verrückten Hirnzellen! Was gibt es da zu lachen? Ich sollte doch das Ziel haben, in meinem jetzigen Leben subito endlich zu Gott zu gelangen! Ich möchte doch nicht noch einmal den ungeschriebenen Gesetzen von Ursache und Wirkung zufolge erneut wegen Versagens auf diese Erde zurückgeschickt werden! Mir wird richtig übel wegen den unzähligen Möglichkeiten, die ich durch den freien Willen auf Erden gekriegt bekommen habe! Gekriegt! Er ist oft doch kriegerisch, unser freier Wille! Wie oft geraten wir gerade durch unseren freien Willen in ungemütliche Lebenslagen! In Auseinandersetzungen und Lebenskämpfe! Natürlich, ich muss oder darf mir dann selber sagen, dass ein freier Wille kein Freipass in die Narrenfreiheit ist. Dass eben genau dieser freie Wille auf der Tatsache des ungeschriebenen Geistigen Gesetzes von Ursache und Wirkung basiert und existiert. Ich ja eigentlich, wenn ich auf das Gelehrte in Glaubenssache verzichte, ein total freier Mensch bin in der Gestaltung meines Lebens. Na ja! In den zehn Geboten steht auch geschrieben: Du sollst nicht stehlen! Würde da stehen: Diebstahl ist verboten! He, das wäre eine klare Ansage! Ein Verbot! Klare Aussage! Verbot, verboten! Du sollst nicht, ach, das ist doch so extrem milde ausgedrückt, die Äpfel oder Kirschen am Baum stehlen! Die sehen aber herrlich aus und sind prall reif! Es macht auch nicht den Anschein, dass der Besitzer sie nächstens pflücken wird. Schade um die reifen und süßen Früchte! Was macht es da schon aus, wenn von tausend Kirschen deren fünfzig fehlen! Fallen sie überreif vom Baum zu Boden, sind sie auch weg! Nicht mehr verkäuflich und es fehlen von tausend Kirschen auch nur deren fünfzig Stück.

Meine Güte! Aber eben, es ist Diebstahl! Basta! Du sollst nicht stehlen! Ursache und Wirkung! Du stiehlst und wirst dafür bestraft! Auch ein Top Thema betreffs des Baus meiner Autobahn zu Gott! Wieso eigentlich ein Top-Thema? Doch, es stimmt. Nehme ich die Bibel als Grund- und Bauplan meiner Autobahn, halte mich strikte an das Vorgegebene, lege ich die Ursache und das Ziel. Die Wirkung wird sein, dass ich schneller zu Gott finde oder bei ihm bin. Dazu müsste ich jedoch an die Pläne und das Vorgeschriebene zutiefst glauben! Es ist auch sehr entscheidend, wie gut und qualitativ stabil ich den Untergrund auswähle von meinem Bauvorhaben. Ich lege mit der sorgsam ausgewählten Unterlage so eine Ursache, deren Wirkung sich beim Bau daran erinnert! Eine Autobahn zu Gott? Die gibt es nicht einfach so! Du musst sie dir erbauen! Erbauen! Ja, richtig gelesen, du musst sie dir erbauen! Planen und Bauen! Arbeit! Extremstes Arbeiten, erarbeiten! Ich bin schon daran gescheitert! Ja, ich habe es nicht verstanden, das für mich richtige Architekturbüro ausfindig zu machen. Oder ich habe die Mühe gescheut, mir die Zeit nicht genommen oder nicht gehabt, die richtigen Architekten durch Kontakte auszuwählen. Eine Planvorlage wurde mir oft vor Augen geführt, vorgesetzt! Eine Umsetzung in die Realität erwies sich jedoch immer wieder als eine reine Utopie! Rückblickend bin ich mir ja schon bewusst, dass ich bis zur Volljährigkeit auf das Gelernte im Elternhaus angewiesen war. Sei dies im Glaube oder anderer Lebens-, Überlebens- und Denkmuster, Annahmen, Überzeugungen, Traditionen oder Kulturen gewesen. Nur gerade betreffs dem Glaube, der Kirchenzugehörigkeit, hatte ich nie den Druck verspürt, sofort eine drastische Veränderung anzustreben. Wieso auch? Ich wurde getauft, gelehrt, überzeugt, gezwungen, konfirmiert, vermählt, stimmte doch alles? Nach der Konfirmation konnte mich auch keiner mehr zu dem nicht ausstehenden und nicht verständlichem Pfarrergequatsche in die Gottesdienste zwingen! Nein! Ich habe gelernt zu beten, zu bitten, zu flehen und zu danken!

Das reicht! Da war ich auch noch der Überzeugung, dass bei der Kirche, den Kirchendienern die Werte der Liebe und Erhaltung eines werdenden Lebens als oberstes Gebot galt, gelten sollten! Doch da wurde ich eines Besseren gelehrt, erlebte eine schlimme Erschütterung meiner Seele, meiner Grundfeste und es begann erneut eine extrem schwierige Zeit meines Lebens im achtunddreißigsten Lebensjahr. Ja, da wurde mir bewusst und ich war überzeugt, wie wichtig eine Autobahn zu Gott wäre! Ich war doch noch nicht auf der richtigen Bahn oder gar Sattel fest auf dem Glaubensweg!

Und ich glaubte auch, dass mir die Scheidung auf Grund meiner frühen Heirat und großem Erfahrungsdefizit vergeben würde! Denkste! Von wegen! Aus höchster irdischer Ebene wurde mir, uns, meinem zweiten Ehemann, der Kirchensegen, sprich der Segen Gottes auf unsere bevorstehende und von uns beiden gewünschte kirchliche Trauung verwehrt, versagt! Punkt! Das Bodenpersonal Gottes maß sich an, uns weismachen zu wollen, dass wir unseren Hochzeitstermin verschieben müssten, damit die Sacra Rota in Rom über uns, vor allem über mich, einer geschiedenen Protestantin und Mutter zweier Töchter, richten könne! He, hallo! Bitte! Wo leben wir! Welch anmaßende Frechheit! Unverschämt! Grotesk und verwerflich in Anbetracht der immer wieder gepredigten Achtung gegenüber dem Andersgläubigen. Ökumene! Himmel Herrgott! Habe ich etwas Wesentliches verschlafen im Religionsunterricht? Gibt es einen Gott für jede Religion und Glaubensgemeinschaft? Gibt es einen Gott, dann haben wir, die Reformierten und Katholiken, doch den gleichen! Sacra Rota! Ist dort Gott persönlich und als Richter im Amt?! Welch Irrsinn! Richter, ernannt über zwei Menschen zu richten, die sie nie gesehen haben! Nie ihre Gesinnung, Moral und Ethik kennenlernten! Richter! Richter! Zum Teufel mit diesen Richtern! Dieses Gehabe bringt mich in Rage! Meine Menschenwürde und Selbstbestimmung will ein irdischer Richter im Namen Gottes untergraben! Unsere Liebe anzweifeln! Warten auf deren Urteil! Nein! Nie! Gott sagt: Liebet und achtet einander! Er hat nie gesagt, dass ein katholischer Mann keine reformierte Frau heiraten darf! Hört hin, die ihr in Rom hinter dicken Mauern sitzet! Ich will, wir wollen den Segen Gottes, nicht den Segen der Institution der Katholischen Kirche! Nicht die des Papstes und seiner Richter. Und genau die wollen über uns richten! Die, die keine Ahnung haben vom Leben draußen! Ich schrieb den Austritt aus der Kirche und ward von da an kein Kirchenmitglied mehr! Punkt! Schluss! Amen! Ich war wütend! Zutiefst verletzt! Gedemütigt! Ja, genau die, die sich hinter den Mauern und der Realität verschanzt, gut behütet und wohl bereichert verstecken! Genau die, die keine Ahnung haben von der Liebe und der Sexualität zwischen Mann und Frau! Genau die, die sich keinem Prozess im Partnerbereich, Symbiose, Auseinanderentwicklung und wieder Neufindung stellen müssen! Genau die, die eine Verhütung ablehnen und nicht verhindern wollen, was eigentlich normal wäre: Dass in unserem Jahrhundert kein Kind mehr in die Welt gesetzt wird, das ungeliebt, verhasst und als lästig empfunden und unter aller Würde leben muss! Dass auch kein an Aids erkranktes Kind das Licht der Welt erblicken und sein Leben in Not und geächtet als Straßenkind leben muss! Hungernd! Frierend! Verfolgt! Ohne jegliche Rechte! Getötet, weil man sie Bastarde nennt! Oder in den totgeschwiegenen Heimen! Namenlos, weil sie aus dem längsten und sehr bekannten Straßenstrich der Welt stammen! Von Deutschland führend in die Tschechoslowakei! Von Freiern, die ohne Kondome rücksichtslos ihre schmutzigen Fantasien ausleben, im Haus der Eltern, Verwandten, mit von der Familie verkauften Jugendlichen unter dem Alter von zehn Jahren. Neugeborene, nicht vermittelbar! Die jungen Gebärenden müssen ihren Namen beim Entbinden in der Klinik nicht angeben! Somit sind die Kinder namenlos und nicht vermittelbar an Adoptiveltern! Wären nicht vermittelbar! Geld stinkt nicht! Schwarzmarkt! Menschenhandel! Eine Tatsache! Heute! Ja! Im heutigen Zeitalter! Welch Grausamkeit! Und die Welt schweigt! Die Kirche schweigt auch! Wie immer! Ehemalige Augenzeugen berichteten, dass bei Umbauten von Klöstern Babyleichen in unterirdischen Kellern gefunden wurden! Von Nonnen geboren worden? Von Priestern gezeugt? Die Babys wurden in den Gewölben liegen gelassen! Ob abgetrieben, tot dort versteckt oder sie lebendigen Leibes in den Gewölben verhungert oder erfroren sind, kam nie durch eine Obduktion ans Tageslicht! Und, haben die Verantwortlichen das auch im Namen Gottes getan? Oh, die konnten doch eventuell sogar bei den Erzeugern selbst die Beichte abhalten und es wurde ihnen vergeben! Ich weiß, das ist eine von mir ungewohnte, harte Sprache, aber ich bin jetzt gerade sehr empört! Wütend über diese selbst ernannten Herrscher und Gott-Vertreter! Helfen die denjenigen Menschen, die ihre Kinder weder ernähren geschweige denn lieben können? Nein! Nein! X-Billionen Franken werden ausgegeben an korrupte Regierungen! Nicht jedoch an Notleidende Menschen! Diese Menschen werden alleine gelassen! Sie glauben und hoffen, Tag für Tag, Nacht für Nacht! Ihre Situation jedoch verbessert sich nie! Der Hunger bleibt, die Krankheit Aids bleibt und wird immer wieder weitergegeben! Sie sind im Irrglauben, dass Verhütung eine Sünde ist! Absurd! Wo bitte steht das in der Bibel oder in einem der zehn Gebote geschrieben? Wo? Ich will eine Antwort! Es gibt keine! Dieser Irrglaube wurde von Menschen erschaffen und gepredigt. Und genau diese Menschen legen die Ursache von immer mehr Leid! Es ist nicht der Wille Gottes, dass tausende Kinder infolge Verhütungsverbot krank, alleine, abgesondert, hungernd und frierend elendiglich gequält und verstoßen zu Grunde gehen. Ich frage mich immer wieder, wie Aids in die hinterste Ecke und in die unwegsamsten, unbekanntesten Gegenden in Afrika gelangen konnte. In Dörfer, in denen nie ein Fremder je einmal war oder ein Dorfbewohner je nur die Möglichkeit hatte, in eine viele hundert Kilometer entlegene Stadt zu gelangen! Wer war zuerst wo? Die Religionslehrer, Missionare, die Mächtigen oder Aids? Wer könnte eine ehrliche Antwort auf diese Frage geben? Komisch, immer nach einer Katastrophe sind sofort Kamerateams vor Ort! Berichten über die Not, dass leider infolge unwegsamer und verschütteter Wege alle Möglichkeiten von schneller Hilfe versagt bleiben! Unglaublich! Welch eine Unverschämtheit! Aber jeder ‚Joggel' wird mit einem Helikopter genau in diesem Gebiet abgesetzt! Zum Filmen! Zwecks Berichterstattung! Kriegsmaterial? Kein Hindernis kann einen Transport verhindern! Nie! Hilfsgüter? Kaum zu verstehen und nachzuvollziehen, aber da streiten verschiedenste Gremien, Regierungen und Mächtige um die Transporte und Verteilungen von Hilfsgütern! Wieso? Es geht um viel Geld! Sehr, sehr, sehr viel Geld! Zuerst wird das Regime, das Militär, die Miliz und alle Angehörigen versorgt! Und die wirklich Not Leidenden? Die glauben, wir hätten sie vergessen! Die wissen ja nie, dass die Hilfsorganisationen x-Millionen Spenden einheimsen, horten, Zinse ziehen, dann an korrupte Regierungsherren, Herrscher, Diktatoren abgeben und so Jahre vergehen, bis das Gezänk um die Verteilung erledigt ist! Wenn überhaupt! Es würde noch so manches anstehen. Mit Mächtigen, die Menschen mit Ängsten im Zaum und ungebildet lenken und händeln wollen, könnte man dicke Bücher füllen. Tausende Fragen wären offen! Aber es gäbe kein Gespräch, keine Lösungen, keine Antworten und schon gar kein Verständnis. Nach dem

Motto: nichts hören, nichts sehen, nichts sagen! Und wer will sich schon ernsthaft Gedanken um das Geschehen in Afrika, der Dritten Welt, machen! Dritte Welt! Wer um Himmels Willen hat dieses Wort konstruiert! Verrückt! Irrsinn! In unserer Welt gibt es eine dritte Welt!

## DRITTE WELT

Hat Gott drei Welten geschaffen? Und wie kommt ein Gedankenfurzer und Wortkonstrukteur dazu, zu sagen, dass der Kontinent Afrika auf unserer Erde die Dritte Welt ist! Abscheulich! Wieso wird nicht die Schweiz, Deutschland oder Europa als die Dritte Welt bezeichnet? Wo um Himmels willen ist die Erste und Zweite geblieben? Abgesoffen? Abgefackelt? Durch unbekannte Kräfte zerstört? Ist eventuell die zweite Welt die sogenannte Hölle mit dem Fegefeuer? Und die erste Welt eventuell das Jenseits, der Garten Eden mit aller Herrlichkeit? Wisst Ihr, was noch verrückter und irrsinniger ist? Dass sich so viele Milliarden Menschen nie, gar nie Gedanken darüber machen, dass der Ausdruck Dritte Welt ein Wortkonstrukt ist, wie das Wort Klimakatastrophe auch! Mit diesen zwei Wörtern lassen sich Milliarden verdienen! Hören wir das Wort Katastrophe, rattert es in unserem Gefüge, meine Güte, da muss man helfen, sofort! Spenden! Präventiv bei der Klimakatastrophe und direkt Zahlungen an die Dritte Welt! Und? Was hat sich bis anhin durch die Milliarden gesprochenen Beträge und Spenden in all den ärmsten Ländern positiv verändert? Nichts! Nichts, was man als Quantensprung bezeichnen könnte! Die Weltjongleure,

Herrscher und Mächtigen in den ärmsten Ländern der Welt freut es! Es gibt nachweisbar den Planet Erde. Auf diesem Planeten Erde gibt es Kontinente! Schluss! Es gibt nirgends nur einen kleinen, kleinsten Nach- oder Beweis, dass es eine dritte Welt, auch keine zweite und erste Welt geben würde! Menschen, wacht auf! Denkt mal darüber nach! Und, waren die Jahrtausend zurückliegenden Veränderungen der Erde auch schon Klimakatastrophen? Das Gran Canyon war doch mal mit Wasser gefüllt! Wer war denn für diese Veränderung verantwortlich? Und die gefundenen, ausgegrabenen Dörfer aus der römischen Zeit? Welche Katastrophe war da zuständig? Hallo, liebe Mitmenschen! Aufwachen! Erdverschiebungen und Veränderungen gibt es seit Jahrtausenden. Die Sandmassen der Wüsten verschlingen ganze Dörfer und wälzen sich vorwärts, unaufhaltsam, immer weiter vorwärts. Niemand spricht darüber. Keine Nachrichten- und Katastrophenmeldungen diesbezüglich. Weshalb nicht? Ist diese Tatsache nicht erwähnenswert und für die dort lebenden, betroffenen Menschen eine Katastrophe? Natürlich, dort ist auch kein Mensch, der ein Interesse oder die Möglichkeit hat, einen Klimarappen auf den Benzinliterpreis zu schlagen, einen Fond zu eröffnen, um Milliarden Beträge zu häufen und gemessen an den Einnahmen minimalste Beträge in Projekte zu stecken. Nur so nebenbei gesagt, wäre es doch ein sehr interessantes Projekt, die Wüste in ihren Sandwanderungen zu stoppen! Kein schlaues Hirn vorhanden, um dieses Projekt zu lancieren? Gut, die Wüste bietet ein Naturschauspiel, egal wie zerstörerisch es ist. Und, die Wüste ist das Domizil von Menschen, deren höchstes Gut das Kamel ist zur Milch- und Fleischgewinnung und um Waren zu transportieren. Kamele laufen immer noch ohne Benzin! Keine Möglichkeit, Abgaben und Gebühren zu erheben! Und die Sandverschiebungen gibt es seit Menschengedenken. Ein natürlicher, durch nichts, aber auch gar nichts aufhaltender Prozess. Menschen, die an Computern Katastrophen simulieren, gab es vor dem Computerzeitalter keine. Eine Katastrophe, simuliert am Computer und gezeigt als mysteriösen Kinofilm, ist doch so faszinierend schön und bearbeitet die Menschen ach so wunderbar! Zum Öffnen des Geldbeutels für alle möglichen Aktionen, zum Entrichtenmüssen von sinnlosen Gebühren und Abgaben! Bist du auch der Meinung, dass wir Schweizer auf einer Insel, irgendwo in einer der drei Welten, unter einer Sauerstoffglocke, mit speziell gereinigter, guter Luft – natürlich ausschließlich nur dank unserer Abgaben und Gebühren – sehr bevorteilt sind und durch diesen Umstand natürlich auch, was die Gesundheit betrifft, sehr, sehr gesund leben können?! Nicht so alle unsere Mitmenschen in den benachbarten Ländern im Osten, im Norden und Süden, die unsere nicht mehr den Abgasnormen entsprechenden Autos sehr wohl noch jahrelang fahren dürfen! Sind die sich bewusst, dass sie diejenigen sind, die die nächste Klimakatastrophe verursachen? Hm! Ich denke jetzt positiv! Ist ja gut, dass es doch noch Menschen gibt, die unsere vom Staat vorgeschriebenen Wegwerfautos in vollster Zufriedenheit und Freude fahren! Durch die Weiterbenutzung unserer nicht mehr den Gesetzesnormen entsprechenden Autos haben wir, Halleluja, weniger Schrott in der Schweiz. Amen! Nun gut. Zurück zur Autobahn, den Bau! Nein, erst mal zu der Suche nach dem geeigneten Architekten und Planer. Nach der Verweigerung des Segens der Katholischen Kirche zerbrach ein Teil meines bisherigen Glaubens. Predigen, wir sollen uns lieben! Predigen, wie wichtig ökumenische Zusammenarbeit sei, aber verweigern den Segen, wenn Mann und Frau das in kleinem Verbund eingehen und leben wollen und sich den Segen Gottes wünschen! Wohlverstanden, wir waren keine Grünschnäbel mehr. Wir waren zu der Zeit gereifte, im mittleren Alter stehende Brautleute! Er ein Katholik und verwitwet, ich eine Reformierte und geschieden! Den darauffolgenden Prozess mit Wut und Trauer bespickt möchte ich hier nicht beschreiben. Die von uns ausgesprochenen Worte entbehrten jeder Heiligkeit! Satan hätte uns ein Diplom verliehen! Aber genau nach dieser Verweigerung des Segens war ich mir erneut voll bewusst, dass ich mir meinen Weg, hin zum Guten, Göttlichen selber und total neu erbauen will und muss. Ohne lästiges, selbstherrlich-überhebliches Bodenpersonal! Aber wie? Ich habe keinen Architekten gefunden, der mir beim Umbau meiner Glaubensstraße hätte helfen wollen oder zu einem Ansatz einer Hilfe bereit gewesen wäre. Nun gut, nach Wut und Tränen kam die Erkenntnis, dass ich alle alten Straßen verlassen wollte. So suchte und erbaute ich mir selber im Geiste meine Autobahn zu Gott! Glaubt mir, die erste Auffahrt habe ich mir als eigener Architekt gebaut. Ich habe die alten Straßen vernichtet. Ich habe nur die Baumaterialien zum Bau der Autobahn zu Gott wiederverwendet, die mir als gute Grundbausteine erschienen sind, aus der Kindheit. Das Alte, die Institution Kirche, existiert für mich nicht mehr. Ich habe vorgängig die Frage in den Raum gestellt, wann und wo Gott geboren und wie alt er ist. Gott, ja, Gott ist Geist! Gott ist eine höhere Macht. Ein höheres Bewusstsein. Im Geiste Gottes, nach dem Geiste Gottes. Für mich ist Gott eine höhere Macht, mein höheres Bewusstsein. Ich habe also nach und nach mit dem höheren Bewusstsein eine Art Kontakt hergestellt; aufgebaut ist vielleicht der bessere Ausdruck. Immer wieder, immer wieder. Mal hatte ich das Gefühl, eine sehr gute Verbindung zu haben, mal hatte ich den Eindruck, es würde jemand auf der Leitung stehen und stören. Monatelang, jahrelang baute ich an dieser Leitung und Verbindung und an meiner Autobahn zu Gott! Zugegeben, es war nur der Bau einer Kriechspur! Kriechen, Schritttempo, nicht mal schnell gehen, geschweige denn fahren. Diese eine

Spur, die habe ich jedoch solide, mit guten Bausteinen gebaut. Der ‚Besinn-dich-Platz' ist auch fertig gestellt. Eine farbig bunte Bank, die das Sonnen- oder Mondlicht widerspiegelt, ist der Mittelpunkt und Ruhepunkt meiner Raststätte „Besinn-dich". Wie oft ich auf dieser Bank gesessen bin, ist nicht mehr nachvollziehbar. Wie oft mir das Sonnen- oder Mondlicht bei der Besinn-dich-Arbeit geholfen oder mich begleitet hat, ist für mich nicht wichtig. Es gibt Tag und Nacht, Licht und Schatten. Gibt es keine Nacht, kann auch kein neuer Morgen folgen. Wo kein Licht ist, gibt es keine Schatten. Ich benötige beides! Sonne und Mond! Beide erfüllen sie für die Erde und uns Menschen wichtigste Aufgaben! Auf der Besinn-dich-Rastplatz-Bank reifte mein Bewusstsein, dass die direkte Zusammenarbeit mit der Höheren Macht, Gott, dem höheren Bewusstsein genau das Richtige und für mich Nährende, Erbauende ist. Es wurde Licht in mir! Den Schalter jedoch, das Licht zu dimmen oder voll erstrahlen zu lassen, den hatte ich ehrlich zugegeben nicht unter Kontrolle. Genauer gesagt, mich packte das Gefühl des Nichtbeherrschens! Was! Nichtbeherrschens! Ich bin auf der Erde, auf dem Weg, in der härtesten Schule, der Lebensschule, mit freiem Willen zwar, jedoch dem ungeschriebenen geistigen Gesetz von Ursache und Wirkung unterstellt! Wie kann ich da über Etwas herrschen, geschweige dieses Etwas beherrschen! Klar, wer möchte nicht sein Schicksal selber bestimmen können, sagen, was er wann, wenn überhaupt, erleben und durchleben möchte, will oder kann! Wie heißt es so schön: Der Mensch denkt und Gott lenkt! Oh ja, der Mensch denkt, Gott lenkt! Ich habe mir die Ehe und das folgende Leben sehr phantasievoll, bunt, glücklich, zufrieden, erfüllend und in voller Gesundheit strotzend vielfältig erlebnisreich vorgestellt! Keiner von meinen Träumen erfüllte sich! Nach der Hochzeit buchten wir unsere Hochzeitsreise nach Gran Canaria.

Während dem Flug klagte mein Ehemann über sehr starke, stechende Kopfschmerzen. Nichts Besonderes. Klagen doch tausende Menschen während einer Flugreise über Kopfschmerzen. Die Schmerzen entstehen, weil das Innenohr keinen Druckausgleich herstellen kann. Verschiedene angewandte Tricks der Stewardessen zeigten keine Wirkung! Während den nachfolgenden zwei Tagen blieben die Kopfschmerzen gleichbleibend stark. Der Besuch beim Arzt hat uns keine Erkenntnis über eine mögliche Ursache gebracht. Sehr starke Medikamente führten schließlich zu einer Schmerzfreiheit, jedoch zu keiner Lebensqualität, wie man sie sich in den Flitterwochen erhofft! Der Rückflug nach zwei Wochen ergab das gleiche Ergebnis: heftigste Kopfschmerzen mit keinem Ende! So, jetzt war die erste Handlung nach der Landung in Kloten einen Termin vereinbaren mit unserem Hausarzt. Kurz beschrieben: Bei meinem Ehemann hat sich stirnfrontig ein Osteom, ein Knochentumor, gebildet. Zwar sind Osteome gutartige Tumore, infolge Platzmangels jedoch können sie immense Schäden verursachen. Gut, jetzt wussten wir die Ursache! Es musste dringendst operiert werden. Die OP verlief ohne Komplikationen. Es folgten ein paar Monate der Beschwerdefreiheit und erneut musste operiert werden.

Die Situation geriet aus dem Ruder und das Osteom wuchs immer schneller, so als würde es mit Dünger gemästet. Bald war mein Ehemann so verändert in seinem Wesen von den ständigen Schmerzen und der sehr starken Medikamente, dass das Zusammenleben äußerst schwierig wurde und er seinen Beruf als Chauffeur nicht mehr hätte ausüben dürfen. Am Tag seines Suizides hat sein Hausarzt die Motorfahrzeugkontrolle benachrichtigt. Abgabe vom Fahrausweis. Berufsverbot. Die dazu gekommene perniziöse Anämie, unsere Diskussionen und Meinungsverschiedenheiten haben das Fass zum Überlaufen gebracht. Mein Ehemann löschte sein Leben zwei Tage vor Heiligabend aus. Durch einen gezielten Pistolenschuss in die Schläfe. In unserer Wohnung! In einem Abstand von einem Meter zu mir! Er stürzte zu Boden! Röchelte, lebte noch! Die Augen quollen hervor! Das Gesicht verfärbte sich blau, violett! Blut floss aus der Wunde an der Schläfe. Blut floss aus dem Mund! Nach Blut roch auch sein ausgestoßener Atem! Die Arme, Hände, Beine und Füße schwollen an! Furchtbar dieses Bild! Instinktiv machte ich Seitenlagerung, damit er nicht erstickt! Ja nichts verändern! Die Waffe nicht berühren! Ich griff ich zum Telefon, wählte die Nummer 144. Drei Minuten später hörte ich Sirenengeheul. Ambulanz und Polizei! Versuche der Sanitäter, meinen Ehemann durch die Intubation am Leben zu erhalten, scheiterten beim ersten Versuch. Der Chefarzt der Narkose und gleichzeitig der Rettungshelikopter wurden gerufen. Eine zweite Ambulanz fuhr mit Blaulicht und Sirenengeheul vor. Der Helikopter landete auf dem Feld neben dem Haus. Ich schrie, schrie, schrie. Als sie ihn zum Helikopter trugen, sah ich auf dem Sträßchen eine Menschenmenge. Meine Mädchen und ihre Partner standen stillschweigend neben mir. Natürlich! Gaffer! Eine Sensation in einem ländlichen Dorf. Ich regte mich tödlich auf und war innerlich zur Eissäule erstarrt. Ich hörte meine Tochter sagen: „Mami, das ist bei jedem Unfall, überall so." Mich haben sie zwecks Beruhigung mit der Ambulanz ins Spital gefahren. Dort angekommen haben sie mir die Nachricht überbracht, dass mein Ehemann soeben während dem Helikopterflug in die Universitätsklinik verstorben ist. Für mich brach eine Welt zusammen! Drei Stunden später, nach erfolgter Medikation zwecks Beruhigung, es war schon Abend, brachte mich der Abteilungsleiter der Interdisziplinären Intensivstation, das heißt mein Chef, wieder nach Hause. Das Empfangskomitee: ein Kriminalbeamter! Die Kripo! Schock! Weshalb? Der ältere Kripo-Herr entschuldigte seine Anwesenheit und erklärte mir, er müsse meine Hände auf eventuelle Schmauchspuren untersuchen. Anhörung! Mein Ehemann und ich waren alleine in der Wohnung! Was genau war passiert! Ich musste alles, jedes kleinste Detail der letzten Stunden und, Himmel sakra, auf vier Jahre zurück haarklein und detailliert schildern, erzählen, herauf würgen, kotzen! Der Anfang seiner Krankheit, die Behandlungen, Operationen, die psychischen Veränderungen, das Davonlaufen seitens ihm selbst und sich nicht der Realität stellen wollen und der Neurologin, dieser von mir abgrundtief gehassten Person, die trotz dem Wissen um seinen Beruf wahllos viele, dem Arztrezept unterworfenen Medikamente verschrieb und meine Einwände als nicht ernst zu nehmend abgeschmettert hatte und noch vieles mehr. Ja logisch! Auch ich hätte meinen Ehemann erschießen können! Aus Mitleid! Aus dem Nicht-mehr-ertragen-Können heraus! Scheinbar erklärbare Motive vorhanden! Der Bericht vom Gerichts-medizinischen Institut in Bern sei abzuwarten. Und so lange wollte der von der Kripo jetzt bei mir wachen? Er hätte mich doch auch gleich mitnehmen und in U-Haft stecken können. Nein, da seien auf Grund meiner Aussage die Suizidanzeichen doch größer. Abends um einundzwanzig Uhr dreißig dann die erlösende Nachricht der Universitätsklinik an den Kripo-Mann: Es war Suizid, die Leiche ist freigegeben. Oh, Gott! Du Herrscher über allem Sein! Ich klage an! Wieso hast du genau diesem Menschen keine Heilung und unserer Ehe nur fünf Jahre gegönnt? Davon drei Jahre inklusive der unheilbaren Krankheit? Drei Jahre geprägt mit Kummer, Sorge, Hadern, Hinterfragen, zu Tode betrübt und wieder himmelhoch jauchzend. Absolute Scheiße! Wieso zwei Tage vor Heiligabend einen derartigen Schicksalsschlag! Ein Schlag! Ja! Nichts und niemand hätte mir einen härteren Schlag versetzen können! Wo, Gott, bist Du? Was hast Du mit mir vor? Was bitte muss ich durch das Erlebte lernen? Ich empfinde nur noch Ohnmacht, Trauer und Wut! Abgrundtiefe Wut! Innere Verzweiflung! Ich bin nicht nur in meinen Grundfesten erschüttert, nein, ich bin im freien Fall! Halt mich auf, Gott! Hilf mir! Gib mir Kraft! Führe mich da durch! Flehen! Bitten! Zweifeln! Hadern! Weinen! Schreien! Und stundenlanges Schreiben! Ich fühle mich selbst innerlich tot! Zerstört! Zerschnitten! Tödlich verletzt! Wieso lebe ich überhaupt noch! Wie würde ich doch den Tod jetzt gerade als innigen Freund empfangen, genau jetzt! Ich will auch gehen! Ruhe haben! Erlöst werden von dieser Erde und dem verdammten darauf leben, ausharren und lernen Müssen. Doch das Leben muss weitergehen. Die Bestattung und so weiter und so fort! So kam es auch, dass mir der ortsansässige Herr Pfarrer nach dem Suizid meines Ehemannes einen Besuch abstattete! Ihm war zu diesem Zeitpunkt noch nicht zu Ohren gekommen, oder es war ihm egal, dass ich seit drei Jahren nicht mehr als Mitglied der Institution Kirche angehörte. Na ja! Er kam und die Fragerei begann! Wieso, weswegen, hat es Anzeichen gegeben betreffs Suizidsabsichten, wer hat wann, wie reagiert oder gehandelt, bla bla bla? Wie sollte ich in meiner Verzweiflung zwei Tage nach dem Suizid eine Analyse dessen haben, was drei Jahre vor dem ganzen Geschehen ablief! Drei Jahre in zwei Tagen analysieren! Ich hatte größere und ganz andere Sorgen zu diesem Zeitpunkt! Wie überstehen meine Familie und ich die kommenden Weihnachtstage? Es war zum Zeitpunkt des Suizides der zweiundzwanzigste Dezember! So ein Wahnsinn! Welch Geschenk! Des Satans? Oh Gott, nein! Wie lebe ich weiter mit all den Anschuldigungen nichtsahnender Menschen, was in all den vorhergegangenen Jahren ablief! Und die Bestattung? Sorry! Wir haben Weihnachten, heilige Tage und dann die Altjahrwoche! Und, er wollte nie eine Bestattung mit eingeladenen Leuten! Schon gar keine

Kollegen des Betriebes und vor allem keine Verwandten! Bei der Kirche, der katholischen Kirche war auch Nada! Ausgetreten in Folge riesiger Enttäuschung! Und jetzt saß mir der mir fremde, reformierte Pfarrer gegenüber, möchte unendlich viel wissen und war erstaunt über meine Frage: Wie konnte mein Ehemann mir das nur antun! Seine Antwort war für mich damals wie ein Schlag ins Gesicht! Er antwortete: „Er hat Ihnen nichts, rein gar nichts angetan! Er hat nur sich umgebracht, sein Leben ausgelöscht. Und sterben tut man nur einmal." In mir schoss Wut empor und Auflehnung! Natürlich weiß ich, dass er vor zwei Tagen gestorben war und in drei Tagen nicht noch einmal sterben konnte! Idiot! Ich wollte Trost! Verständnis! Verständnis für meine Klagen, vor allem für meine Wut, meine Enttäuschung! Ich war zutiefst verletzt! In mir klaffte eine sehr tiefe, blutende Wunde! Ich wollte Beachtung! Jetzt! Genau in dieser, meiner Situation! Bedauert werden! Sicher hat mir mein Mann durch seinen Suizid etwas angetan! Er hat einen riesengroßen Fleck in mein Lebensheft gepflatscht! Meine Ehre versaut und mein Dasein, Wissen und Können arg in Frage gestellt! Mich total getroffen! In meinem innersten Kern, meinem Herz und meiner Seele! Er hat meine Familie in Unehre gebracht! Verletzt, gedemütigt! Wie stehen wir jetzt da! Er ist einfach gegangen! Und tschüss! Adieu! Schaut selber! Und er? Weg! Befreit von all dem Druck, den Herausforderungen des täglichen Lebens mit der nicht heilbaren Krankheit. So, und jetzt sage ich dem Pfarrer, dass es keine kirchliche Abdankung gibt! Kein Begräbnis wie üblich! Dass ich jetzt noch nicht weiß, wann, wie und in welcher Form ein Begräbnis überhaupt sein wird und schon gar nicht wer überhaupt anwesend sein soll, darf! Und ich sage mit Nachdruck, dass mein Mann gar nie der reformierten Kirche angehörte und wenn schon ein Pfaff, dann der katholische, antraben müsste! Nein! Auch nicht! Auch Austritt gegeben! Wenn, wenn! Nichts wenn! Adieu und tschüss! Raus! Ich mag nicht mehr! Ich will nur noch Ruhe! Ruhe! In Ruhe gelassen werden! Eigentlich wusste ich ja genau, dass ich den Pfarrer rufen werde, der uns nach langem Hickhack mit der katholischen Kirche den Segen bei der Eheschließung in einer kleinen Kapelle erteilt hatte. Ja. Nur ihn würde ich als geistige Stütze wollen. So geschah es denn auch. Ein Gebet am Grab! Fertig! Amen! Das war der ausschlaggebende Punkt betreffs Weiterbaus meiner Autobahn zu Gott! Genau dieser Suizid, diese Zeit danach, die Trauer. Die Verarbeitung! Das waren meine Architekten und Mitplaner! Ich habe angefangen, im Stillen und des Öfteren am Tag mit dem Höheren Bewusstsein, der Höheren Macht zu sprechen. In Gedanken, dann wieder laut in Worten, jedoch auch in Wort und Schrift. Ich klagte an, ich flehte, ich bettelte und betete! Ich legte alles offen! Mein ganzes Leben! Jeder Tag! Alles Erlebte! Ich weinte! Ich schrie! Abends, wenn ich mich todmüde und erschöpft ins Bett verkroch, sah ich meinen verstorbenen Ehemann neben dem Bett stehen. Er begleitete mich zur Arbeit auf die Intensivstation. Ich spürte ihn. Oft als Hauch mich streifend. Ich sah ihn sehr oft neben mir im Auto sitzend. Mir Licht bringend im finsteren Treppenhaus! Kein Mensch hörbar! Stockdunkel! Ich stehe vor dem Lift! Licht! Das Liftlicht leuchtet! Der Lift kommt! Unfassbar! Doch wahr! Ich spüre Kälte! Wärme! Hitze! Kann das Geschehene und sich Zutragende nicht wirklich fassen!

Ich spreche mit ihm. Danke ihm. Tadle ihn. Erzähle ihm von meinem Alltag und merke in Sekundenschnelle, dass er alles ja schon weiß, weil er mich immer und überallhin begleitet.

Flehend bitte ich ihn jedoch auch zu gehen! Ins Jenseits! Ins Licht! Wie oft erklärte ich ihm, dass er seinen Körper zerstört, getötet hat, seine Seele jedoch nicht ohne den Körper hier auf dieser Erde leben könne. Wie oft erklärte ich ihm in aller Liebe, dass ich ihm den begangenen Suizid zwei Tage vor dem Heiligabend vergebe! Wir uns doch beiderseitig alles vergeben müssen, was wir uns im zwischenmenschlichen Bereich oft zugefügt haben! Dass er keine Angst vor dem jüngsten Gericht haben soll; und überhaupt! Dass es das doch schon gar nicht gibt! Dass Gott die absolute Liebe ist! Unter der Decke Schutz suchend weinte ich mich in den Schlaf. Ich fiel in mich zusammen! Neuaufbau! Neustart! Kräfte sammeln! Psychotherapie! Ich wollte genau wissen, was sich zugetragen hatte! Welcher Teil war der meinige! Wo und wie hätte, zu welchem Zeitpunkt, wenn überhaupt, ein Suizid verhindert werden können! Ergebnis: Jede Seele geht ihren ganz eigenen Weg! Mehrheitlich gibt es keine Hilfe zur Verhinderung eines Suizides. Ich lernte, das Geschehene zu akzeptieren! Mit der Zeit habe ich mich an das ständige Begleitetsein durch die umherirrende und erdgebundene Seele meines verstorbenen Ehemannes gewöhnt. Auf dem Friedhof, vor seinem Grab, befiel mich stets das Gefühl, dass er mir sagte: „He, du, ich bin hier direkt neben dir stehend, nicht in diesem Grab." Wie unter Zwang lief ich immer wieder, jeden Tag zu seiner Grabstätte. Oft auch abends, kurz vor Mitternacht. So, als wollte ich ihm zeigen, dass er verstorben ist und seine Überreste hier in diesem Grab ruhen würden! Er nur noch Geist ist! Unfähig, auf der Erde noch etwas bewirken zu können. Jeden Tag habe ich um die Erlösung und um das Seelenheil von meinem verstorbenen Ehemann gefleht und gebetet. Nach Jahren, es verflossen etwa deren sechs, erhielt ich Zeichen der Erhörung! Eines Nachts offenbarte sich mir das Licht. Zuerst erschien ein sanfter Lichtschimmer in zartem Violett. Meine Seele sog dieses Licht auf und eine tiefe Bewunderung und Ruhe strömte durch meinen Körper. Es folgte Lichtstrahl um Lichtstrahl. Lichtstrahlen in unbeschreiblichem Weiß, Blau,

Rosa und Gold. Die Betondiele öffnete sich! Ja, die Betondiele meines Schlafzimmers öffnete sich und ich sah in eine Helle von Licht, die ich so gar nicht beschreiben kann! Es fehlen mir die Worte! Der Glanz und die Helle der Farben sind nicht zu beschreiben. Unglaublich herrlich, wunderschön, traumhaft beruhigend, faszinierend! Auch heute noch bin ich überwältigt und zutiefst berührt! Ich habe auf Erden noch nie eine derart kraftvolle und zugleich wärmende, faszinierende Lichtfülle gesehen! Kein Vergleich mit dem Sonnenlicht und strahlendem Blau des Himmels! Die Lichtstraße berührte mich, ich streckte den Arm nach oben, so als wolle ich jemandem die Hand reichen. Ein unbeschreibliches Gefühl von Liebe und Frieden erfüllte mich. Ich schwebte! Ich fühlte mich getragen und in einer unendlichen Geborgenheit liegend. Da, ein leises Rauschen und ich sah, wie sich ein Dunst in dieses Licht hineinbegab. Jesses! Mein verstorbener Ehemann! Er reichte mir zum Abschied die Hand und wurde eingesogen in die Unendlichkeit dieses Lichts! Ich fiel in einen Ohnmacht ähnlichen Schlaf. Am nächsten Mittag nach meinem Erwachen fühlte ich eine seltsame Kraft in mir, wie ich sie vorher nie verspürt habe. In Sekundenschnelle, einem Gedankenblitz ähnlich, wurde mir das ganze Ausmaß meines Erlebnisses in der vorherigen Nacht bewusst. Helfer, aus der geistigen Welt, holten die noch erdgebundene Seele ins Jenseits. Ja! Genau das ist passiert! Oder bin ich jetzt total verrückt? Reif für die Psychiatrie? Um Himmels Willen! Erzähl das bloß niemandem! Die halten dich alle für übergeschnappt! Niemand nimmt dich mehr ernst! Belächelt und bedauert! Geschädigt und verblödet! Unbeschreiblich, auf wie vielen Ebenen ich mich in dieser Zeit befunden habe. Wem darf ich mich anvertrauen? Wo finde ich Menschen mit gleichen Erlebnissen, Erfahrungen? Ich musste einfach irgendwie die Gewissheit erlangen, dass es sich bei diesem nächtlichen Erlebnis nicht nur um ein Hirngespinst aus einem degenerierten, verblödeten Hirn oder einer kranken Seele handelte. Durch mein anschließendes Psychologiestudium lernte ich einen sehr bekannten Quantenphysiker kennen. Er war es, der mir erklärte und offenbarte, dass sich mir ab diesem Erlebnis eine in mir schlummernde Fähigkeit geöffnet und diese ab jetzt Abruf bereit sei. Mit dem Vermerk, dass ab jetzt nicht nur das Gute, sondern auch das Niedere extrem spürbar sei. Er verglich das Ganze mit einem Auto, welches ich jetzt im Detail kennenlernen durfte, um damit fahren zu können. Angstfrei, wenn möglich! Eine, wie sich herausstellte, sehr anspruchsvolle Arbeit. Es folgte noch eine mehrere Tage andauernde Katharsis und ich war geläutert.

Ich bin jetzt voll im Bau meiner Autobahn zu Gott! Die Strecke ist klar! Ohne Institution Kirche! Alleine! Gott alleine, wenn ich so sagen darf, er als Einziger ist mein Chef! Wirklich Gott? Ich zweifle an der Bezeichnung, der Namensgebung Gott, von dem wir alle keine Vorstellung haben, haben dürfen, und sage daher, die Höhere Macht, das Höhere Bewusstsein ist regierend und darf den Chefposten einnehmen. Oh Gott! Die Helfer aus der Geistigen Welt. Die Helfer, die so undefinierbar und sich im Unvorstellbaren befinden. Die geistige Welt! Wo in welchem Bereich ist sie? Der Name Geist sagt es. Geist ist nicht sichtbar! Ich fühle jedoch ganz klar, ich habe einen direkten Draht und direkte Verbindung! Viele meiner Bitten wurden erhört und erfüllt! Oh, das hat mich beflügelt, beseelt! Ich fuhr das von mir erbaute Autobahnstück entlang. Mal mit einer Korrektur nach rechts, mal nach links. Links war für mich näher dem doch nicht so recht Glauben, rechts dem Vertrauen und Glauben. Oft beschlich mich das Gefühl, kein Spiel beim Gasgeben zu haben. Langsam, langsam und Kriechspur noch und nöcher. Mühsam! Aber ich bin auf der Autobahn zu Gott! Das zählt! Das ist wichtig! Das hat

Priorität! Das stärkt! Das nährt! Ich peile den Rastplatz an. Ja, natürlich habe ich keinen Ausblick auf das Jenseits. Aber in meine Zukunft. In die nächstliegende Zeitspanne. Was ich will. Wo will ich mir eine Veränderung schaffen. Auf welcher Ebene, in welchen Bereichen. Während der Auszeit auf dem Rastplatz, der herrlich farbigen Bank, wurde mir bewusst, wie viele Türen sich nach dem Suizid geschlossen haben und wie viele sich mir sperrangelweit offenbarten und öffneten! Die Zeichen und somit Antworten von Gott haben mir den Weg, den ich als Idee in mir hegte, bestätigt. Ich entschied mich für ein zweites Standbein in Form eines Studiums. Thema: Humanistische Psychologie mit Diplomabschluss. Wissen aneignen! Lebensberatung! Im Spital kündigen! Eine eigene Praxis mit dem Angebot von psychologischer Beratung, Betreuung, Dienstleistung! Ja, das will ich! Erfahrung im Umgang mit den verschiedensten Menschen, der Medizin und allem damit Zusammenhängendem an Freud und Leid hatte ich mir in den Jahren im Alters- und Pflegeheim, den Jahren in der Medizin-psychiatrischen Geriatrie und den achtzehn Jahren Arbeiten und Wirken auf der Interdisziplinären Intensivstation erworben. Also Bahn frei für die Psychologie! Und was noch? Was sind die Bedingungen? Muss ich dazu eine Glaubenszugehörigkeit haben? Nein! Oder doch? Wieso, wenn doch? Wer um Himmels Willen kann mir auf diese Frage eine konkrete Antwort geben? Ein Mensch? Geschriebenes in einem Buch? Ich arbeite ja dann schließlich mit Menschen verschiedenen Glaubens! Ja sicher! In einer Beratung müsste ich doch irgendwie den Hilfesuchenden auch das Gebet, die Hilfe Gottes näherbringen können! Dass er, der Hilfesuchende, zwar von mir mit ihm erarbeitete Lösungen oder Unterstützung erhalten würde, jedoch unweigerlich der Glaube das Eins A sein würde. Oder doch nicht? Nein! Ein Hirngespinst meinerseits! Ich darf doch niemanden konfrontieren mit einem Etwas, mit Gott, das für ihn oder sie vielleicht in keinster Weise eine Bedeutung hat! Mein Verhalten! Es muss neutral bleiben und sein! Das Wort Gott: nein! Höhere Macht, Höheres Bewusstsein: ja! Mir wird gleich wieder bewusst, dass ich am Anfang vom Bau bin. Auffahrt, Signalisation mit dem Schild: „Zu Gott" ist gestellt. Einzementiert am Rande meiner Autobahn. Zur Richtungsweisung steht das Schild: nach Gotthausen! Km Milliarden Lichtjahre! Jenseits! Km Millionen Lichtjahre! Und das alles habe ich mir ohne Hilfe einer Institution erbaut! Ich fühle Zufriedenheit! Ein kleines Glücksgefühl! Ich fahre auf der Autobahn zu Gott und erhalte wegweisend das Zeichen des Segens. Des gut Heißens meiner Absicht. Denn: Will ich allen Menschen gleich beratend, unterstützend und begleitend zur Seite stehen, darf ich nicht nach deren Glauben oder der Institutionszugehörigkeit fragen. Gott hat alle Menschen in seinem Buch eingeschrieben als Seelen, die den nochmaligen Lehrgang auf der Erde absolvieren. So ist das! Als Entwurf Mensch geboren, um im Erdenleben zu lernen, um als nicht mehr auf der Erde existierend könnendes, durch Krankheit versehrtes Wesen zu sterben.

Wir sind alle auf dem Weg! Auf der Zielgeraden hin zum Sterben! Hin zu Gott? Hin ins Jenseits? Wirklich? Eigentlich hat kein Mensch die Gewissheit, ob der jetzt gelebte Lehrgang auf der Erde reicht, dass er die Pracht und Herrlichkeit im Jenseits, dem Garten Eden genießen kann. Wo landen wir wirklich? Jetzt kommt doch diese Frage wieder, dieser Zweifel! Natürlich gehen wir davon aus, dass wir heimgehen zu Gott, in den Himmel und nicht zu Luzifer in die Hölle! Es steht ja auch so geschrieben: Er ist heimgegangen, wurde abberufen in die Ewigkeit, der ewigen Heimat, heim zu Gott! Oh, ein Blitzgedanke! Wir nehmen an, zu Gott zu kommen! Wer glaubt, wird selig! Halleluja! Ich verlasse meinen

Autobahnrastplatz und fahre weiter. Meine Fahrt ist auf der Normalfahrspur! Keine Glaubensinstitution, kein menschlicher Angstmacher hat die Möglichkeit, mich unsicher in meiner Fahrweise und meinem Fahrstil zu machen. Keine Institution, kein Mensch anderen Glaubens hat Macht über mich! Jeder Mensch hat seine Kraftquellen! Jeder Mensch glaubt an Etwas. Jeder Glaube hat das eine Ziel: das ewige Leben! Nicht noch einmal als Erdenpilger geboren werden zu müssen! Seelenheil zu erfahren auf immer und ewig! Auf ewig! Die Zeit zieht dahin. Ich absolviere die vier Jahre Studium mit dem Thema: Humanistische Psychologie. Ziel: Dipl. hum. psych. Beraterin.

Da begegneten mir verschiedene Menschen und es unterrichteten Dozenten verschiedener Couleurs. Ein Dr. Sowieso hat uns in Sterbebegleitung unterrichtet! Meine Güte! Mein Gott! Unvorstellbar! Fast eine Schande, was er uns weismachen wollte. Stellen Sie sich mal vor, wie grausam es für eine Mutter ist, die ihr sterbendes Kind nicht mehr berühren und im Arm haben sollte, weil die Seele sonst an ihrem Weitergehen aufgehalten und erdgebunden werden könnte! Die Ehefrau darf, dürfte ihren sterbenden Mann nicht mehr berühren, weil die Seele beim Verlassen des Körpers erschrecken könnte und an ihrem Weg ins Jenseits behindert würde! Unglaublich diese Kälte, diese Vorstellung! In allen Jahren, in denen ich Menschen auf ihrem letzten Weg begleitet habe, ist mir als Nachtwache bei schwerstkranken und sterbenden Menschen noch nie eine durch Berührung erschrockene Seele begegnet! Im Gegenteil! Es gibt viele Sterbende, die möchten berührt und gehalten werden! Es ist fühlbar, was sich eine Seele im Abschied von seinem irdischen Körper wünscht! Ist es absurd, wenn ich sage: Ein sterbendes Kind würde sich nie, niemals durch die Berührung der Mutter oder des Vaters erschrecken oder gar aufhalten lassen auf seinem ihm vorbestimmten

Weg! Nein und nochmals nein! Ich bin der Überzeugung, dass ein Mensch und eine Seele im entscheidenden Moment das richtige Verhalten vom höheren Bewusstsein übermittelt bekommen. Egal wie schmerzhaft das Abschiednehmen und Loslassen ist. Nun habe ich mich auf der Fahrt auf der Autobahn, hin zu Gott, ganz gewaltig verzettelt mit Erzählungen aus meinem Leben. Ich sehe, dass es noch viel zu bauen gibt. Eine für mich schier endlos erscheinende Baustelle! Ich fahre also in meiner Überzeugung und akzeptiere alle Fahrenden auf dem Weg zu Gott! Es spielt keine Rolle ob der Umwege, die er oder sie macht. Es spielt keine Rolle, an welcher Wegkreuzung sich mein Mitmensch befindet. Wichtig erscheint mir das Ziel: hin zu Gott! Jesses! Da fällt mir noch eine Frage zu: über Gott zu Jesus Christus oder über Jesus Christus zu Gott? Meine Güte! Mitten auf der Autobahn und jetzt diese Frage! Also, Gott hat Jesus Christus, seinen Sohn, zu uns geschickt und wieder zu sich genommen, dass Er uns von der Todsünde des Abfalls von Gott erlöst. Ich bete zu Gott, unserem Vater! Ja, das ist der Weg! Das ist das Ziel! Oder doch nicht? Herrgott, diese immer wiederkehrenden Zweifel! Egal! Also, ich begegne meinen Mitmenschen oder Hilfesuchenden mit Akzeptanz, Toleranz, Achtung und Liebe! In diesem Sinne aufgebaut, offenbart er mir, ob er Architekten und Planer an seiner Seite hat, die ihn lenken und führen auf seinem Weg mit der Institution Kirche. Oder ob er/sie, wie ich, im Alleingang, mit direktem Kontakt zu Gott, dem Höheren Bewusstsein und Macht, sein Erden Dasein geht und lebt! Tschüss, Bodenpersonal! Ja, da gibt es die Situation unweigerlich, dass das Thema Kraftquelle, Geistige Gesetze usw. auf dem Tisch liegen. Es gibt ein bekanntes Sprichwort: In der Not frisst der Teufel Fliegen. Tatsache ist, dass dem in Not geratenen Menschen sehr oft kein Kirchendienender zur Seite stehen kann und er in der Verunsicherung oder Not genau das Gegenteil von dem tut, was ihm eigentlich zum Heil verhelfen könnte! Er macht es wie der Teufel, frisst bildlich gesehen Fliegen, würgt, schreit, tobt und verheddert sich in Hass, Wut und Rage. Denn die Kirchendiener haben ihre Öffnungszeiten nicht, wie Gott sie hat, rund um die Uhr! Somit ist für mich wiederum persönlich klar, dass der Hilfesuchende weiß, dass auch er einen direkten Draht zu Gott oder zum Höheren Bewusstsein haben und innert Sekunden einen aus tiefstem Herzen geführten Dialog führen kann. Dazu gibt es kein Muss, einer Institution Kirche anzugehören. Es erstaunt mich immer wieder, dass noch kein Mensch mich wegen meiner Glaubensausrichtung oder Zugehörigkeit gefragt hat. Beim therapeutischen Arbeiten nach Phyllis Kristal wird immer das Höhere Bewusstsein angesprochen.

 Interessanterweise hinterfragen das selbst Atheisten nicht. Der Atheist sagt, Gott hat nicht die Menschen erschaffen, sondern die Menschen Gott. Somit darf ich davon ausgehen, und wage zu sagen, dass das Höhere Bewusstsein, also Gott, nicht im menschlichen Bewusstsein existierend in jedem vorhanden, spür- oder fühlbar ist. In meiner therapeutischen Arbeit, sowohl in der Schwerstkranken- und Sterbebegleitung, habe ich Erfolg im Vermitteln des Geführtsein durch das Höhere Bewusstsein. Ich muss niemanden überzeugen, nur durch Zugehörigkeit zu einer Kirchen-, Sekten- oder anderen Glaubensgemeinschaft den Weg zu Gott, ins Jenseits oder der Hölle zu schaffen. Nein! Die reine Absicht, ein Leben nach den Geboten und den Gesetzen der Ethik und der Moral reichen. Ich weiß, wo meine Schwachstellen und Versuchungen aufflackern, korrigiert, bearbeitet oder ausgerottet werden müssen! Ich bin mir auch bewusst, dass mir der direkte Draht nach oben in keiner Weise einen Vorteil in Form von Erlass eines Schicksalsschlages oder Lernteils bringt. Ich bin und bleibe bis zu meinem Ableben ein Pilger und Lernender auf dieser

Erde! Ein Pilger auf dem Weg hin zum Sterben! Doch hin zu Gott? Meine Güte, jetzt taucht schon wieder eine dieser dämlichen Fragen auf! Schon wieder dieser mich beschleichende Zweifel betreffs Ewigem Leben. Was denn genau, schon wieder? Ja, schon wieder erneut auch die Hinterfragung, ob das Licht-Erleben in vorgenannt besagter Nacht nicht doch eine Konstruktion meines ungeheuren Wunsches war, meinen verstorbenen Ehemann in himmlischen Gefilden und in absolutem Frieden sehen zu wollen. Frei zu sein von dieser täglichen, stetigen Begleitung und den nicht endend wollenden Gesprächen und Friedhofsbesuchen. Ist es nicht Sünde, sich umzubringen? Suizid zu begehen? Nein oder doch ja? In verschiedensten Schriften sind auch kontroverse Ansichten und Überzeugungen geschrieben und zu lesen. Und welche Leitlinie führt mich jetzt zur Wahrheit? Gott ist doch absolute Liebe! Also müsste gerade er ein riesengroßes Verständnis für seine verzweifelten Erdenbürger haben! Ihnen subito verzeihen! Sie an seine Seite nehmen! Und, ganz wichtig! Diese im Jenseits angekommenen Seelen mit Licht, Liebe und Heil zu salben. Fasziniert von der Quantenphysik, dem Erlebten, der Spiritualität, fühle ich mich erfüllt und doch sehr einsam. Ich bin müde! Trotz der Erfülltheit leer! Will einfach nur die Augen schließen und Licht sehen! Ich will, möchte unbedingt dieses Erlebte beweisen, belegen können! Geht nicht! Unmöglich! Keine Fotos vorhanden, keine Tonaufnahmen, kein Zeuge, nichts! Und meine Seele, mein Hirn, mein Erlebtes kann ich nicht als CD aus mir reißen, um zu beweisen, dass es die Göttlichkeit in der von mir, meiner eigens erlebten Form gibt. Die Autobahn zu Gott würde so vieles vereinfachen. Komm, würde ich sagen, überzeuge dich selbst von der Herrlichkeit des Jenseits! Ich lade dich herzlich ein zu einer Sonntagsfahrt zu Gott. Ob jedoch nun auf der im Geiste existierenden Autobahn, einem steinigen Weg oder durch die Wüste wandelnd, stimmen doch folgende Worte: Willst du ein Ziel erreichen, beginnt der Weg hin zum Ziel mit dem ersten Schritt! Der Weg ist das Ziel. Aber was machst du, wenn der konkrete Wegweiser immer wieder fehlt? Das Ziel irgendwo im Niemandsland liegt? In dem nicht mit menschlichem Verstand vorstellbaren Universum liegt? Billionen von Lichtjahren von der Erde entfernt? Fragen über Fragen! Himmelsakrament! Ich will! Ich will Antworten auf meine Fragen! Und dann ist da noch ein heißes Thema.

## STERBEN ZWISCHEN HÖLLENRITT UND LICHTERGLANZ

Himmel und Hölle. Gut und Bös. Licht und Schatten. Leben und Sterben. Mir zieht sich das Herz zusammen! Ich weine in mich hinein. Ich friere beim Lesen dieser drei Worte **Sterben** zwischen **Höllenritt** und **Lichterglanz**. Wie viele Menschen habe ich in meiner Tätigkeit im Pflegeberuf als Nachtwache in ihrem Schwerstkrank- oder Sterbendsein begleitet! Und wie viele Menschen kämpften! Nicht gegen die schon längst verlorene Schlacht der Krankheit! Nicht gegen den Tod! Nein! Sie kämpften gegen das ihnen vom selbstherrlichen Bodenpersonal Gottes, als Bedienstete der Kirchen, eingeimpfte Richten des Jüngsten Gerichts! Eingeimpft! Eingebrannt! Ja, genau so unauslöschlich eingebrannt, wie das bei Rindern in Texas gehandhabt wird! Ein Brandzeichen in den Seelen! Das Jüngste Gericht wird über dich richten! Im Angesicht des Todes beichte und bereue! Zum Teufel mit derartiger Angst- und Panikmache! Aus wessen Richter besteht das besagte und gepredigte Jüngste Gericht? Wo ist das Domizil dieses Jüngsten Gerichts? In der Hölle bei Luzifer oder dem Himmel, bei Gott? Wer entscheidet denn genau über mein gelebtes Erdenleben? Mein mühselig erkämpftes Leben auf dieser Erde! Wer wagt es überhaupt, ein Urteil zu fällen über meine Entscheidungen, die ich auf Grund meiner Lebenserfahrung und Reife in der jeweiligen Situation getroffen und als gut oder sogar als optimal empfunden habe? Getroffen auf der Erde, während meinem Lebensweg! Von der Geburt hin zum Sterben! Im Leben selbst, der härtesten Schule überhaupt! Wer urteilt über mich! Gott? Jesus Christus? Oder Luzifer, der Höllenfürst? Das Jüngste Gericht! Ich könnte schreien, wenn ich diese drei Worte lese! Natürlich, so widerlich wie die Aussage Dritte Welt! Wo um Gottes Willen tagt das Jüngste Gericht und wo, auf welchem Atlas finde ich die Dritte Welt? Es ist ein äußerst schändliches Spiel der Kirchen, Sekten und anderer Glaubensgemeinschaften, dass gewisse Entscheidungen, die ein Mensch trifft, die jedoch nicht in das Klischee einer Kirche oder anderer Glaubensgemeinschaft passen und die er immerhin in der härtesten Schule, dem Leben auf Erden, gemacht hat, als Sünden registriert und einem Menschen vorgeworfen werden und ihn so zum Sünder abstempeln! Alle, ausnahmslos alle schwerstkranken Menschen haben vom ungeschriebenen geistigen Gesetz von Ursache und Wirkung nie etwas gehört! Geschweige wurde es gelehrt! Jede gelegte Ursache hat eine Wirkung! Ob die von mir gelegte Ursache auch die von mir erwartete Wirkung hat, zeigt sich mir ungeschminkt! Natürlich lege ich in den allermeisten Situationen eine Ursache immer meiner Erfahrung, Entwicklung und Reife entsprechend! Und? Muss ich mich dann verurteilen, wenn die Wirkung nicht dem entspricht, was ich erwarte? Nein! Ich bin im Lernprozess! Mitten in meinem Leben! In mir wühlt es, als hätte ich heiße Lava in mir kurz vor einem Ausbruch! Ja! Weshalb muss ich mein Leben als Schatten einer Vorgabe oder Überzeugung von selbstherrlichem Bodenpersonal Gottes leben? Die Unverfrorenheit gewisser Studierter, dass nur das von ihnen Vorgegebene und strikte nach dem Gelebte das Richtige und Lautere sei, ist Machtgehabe, Machtausübung und Unterdrückung der Menschen, die ihr Leben, verbunden mit der Natur, dem Schönen, dem Positiven und dem Glauben an eine zwar höhere Instanz, aber nicht mit Namen genannt, an Gott glauben. Ich denke zurück an eine Jüdin, die ich in vierzehn Nächten in ihrem Schwerstkranksein und Sterben begleiten durfte. Das erste Begegnen! Horror! Ein Blick ihrerseits! Eiseskälte! Hass und Wut! Eine Tirade unglaublicher und wüstester Wörter schmiss sie mir ins Gesicht! Keifend! Schreiend! Drohend! Weinerlich! Anklagend! Ich habe nichts verstanden! Nada! In wessen Film bin ich da geraten?! Geschockt und ratlos stand ich vor ihrem Bett! Nicht fähig, nur ein Wort über meine Lippen zu bringen! Wo war ich hier? In der Hölle? Den Satan, Luzifer vor mir? Mein Kopf wurde heiß! Tausend Gedanken lösten sich wie Blitzlichter in meinem Hirn und durch mein Bewusstsein! Ich sollte mit diesem keifenden, wütenden und hasserfüllten Weib die Nacht verbringen? Nachtwache schieben? Todkrank sollte sie sein? Hilfe benötigend in allen Bereichen? Wo? Wie? In welcher Form? Eine mir erscheinende Unmöglichkeit! Da musste eine totale Verwechslung von irgendeinem Auftraggeber vorliegen! Wortlos und zutiefst betroffen setzte ich mich auf einen Stuhl, platzierte meine Mappe neben dem Stuhl auf dem Boden, öffnete sie mit hastigen Fingern und griff nach dem Kardex. Ich wollte mich vergewissern, dass ich bei der Richtigen war! Herrgottsackziment! Ich war es! Ja! Tatsache! Die Adresse stimmte! Der Name stimmte! Geburtsdatum stimmte! Du meine Güte! Ich versuchte ruhig zu bleiben! Einatmen, ausatmen! Ruhig! Eins. Zwei. Drei usw. Irgendwann einmal schweigt sie, muss sie schweigen! Hat sie keine Kraft mehr! Die nächsten fünfzehn Minuten waren für mich wie eine Ewigkeit und erschienen mir als Albtraum! Hallo! Nein! Liebe Nachtwachefrau! Du bist in der Realität! Kein Albtraum! Pure Realität! Plötzliches Schweigen. Totenstille. Amen! Nennen wir sie Dana Rotti! Frau Rotti war nicht tot! Nein! Nur total erschöpft! Ende Kraft! Ende Energie! Die Augen zuerst geschlossen und dann, als wäre ein Blitz in sie gefahren, weit aufgerissen! So lag Frau Rotti in ihrem Kissengewühl!

„Was, Sie sind noch da?" „Ja! Sollte ich das nicht?" Den Arm nach mir ausstreckend gab mir Frau Rotti zu verstehen, dass ich aufstehen musste, damit sie mir die Hand reichen konnte. Kalt, schweißnass und zitternd war ihre Hand! Blass und fahl die Haut! Die Augen getrübt! Der Körper von der Krankheit ausgemergelt! Hilf- und kraftlos lag Frau Rotti da! Ein erbärmliches Bild! Unsere Hände hielten sich fest! Frau Rotti schloss die Augen und schlief ein! Welch ein Segen! Pause!

Mein Hirn lief heiß, tausend Fragen und noch keine Antworten auf all das Gesagte, Geschriene und Anklagende der letzten kaum auszuhaltenden zwanzig Minuten. Ich ließ sie schlafen. Schlief sie wirklich? Wollte sie sehen, was ich jetzt machte? Ob ich Angst hatte vor ihr, oder ob ich schon eine Seite Verlaufsbericht schrieb? Nein! Sie fiel tatsächlich in einen zwei Stunden dauernden, tiefen Schlaf. Still meine Utensilien auspackend setzte ich mich in die Nähe des Bettes und beobachtete die Schlafende. Mein Gott, wo und was ist bloß mit diesem Menschen geschehen! Wie muss ihre Seele drangsaliert worden sein! Ihr Herz gequält, enttäuscht und zu Stein geworden! In Gedanken suchte ich mit Frau Rotti das Gespräch. Ich übermittelte ihr, dass ich für sie vollstes Verständnis haben werde! Egal wie unerträglich es auch sein würde, wenn sie die Augen und den Mund wieder öffnet! Dass ich mir in aller Ruhe wieder alles anhören werde! Anhören in der Hoffnung, dass sie erneut erschöpft in ihre Kissen und in einen für sie erholsamen, ja vielleicht sogar gesegneten, Koma ähnlichen, stundenlangen Schlaf fällt. Zwecks Entstauung ihrer Wut, dem Hass und ihrer inneren Not. Ich flehte in Gedanken um ihr Vertrauen mir gegenüber! Gemeinsam die Nacht bestmöglich verbringen zu können. In gegenseitiger Achtung, Respekt und notwendiger ärztlicher Verordnungen und Notwendigkeiten zwecks Erhaltung ihres Wohlbefindens! Wohlbefinden! Welch ein Wort im Zusammenhang dieses vor mir liegenden, schwerstkranken und sterbenden Menschen! Wo bist du, Gott? Hilf bitte! Nicht erst morgen oder übermorgen! Nein! Jetzt! In dieser Nacht! Du alleine weißt, was diese Seele benötigt, um in Frieden sterben zu können! Schutzengel! Bist du da? Bitte begleite deine dir anvertraute, auf der Erde mühsam wandelnde und darniederliegende Seele! Und noch was! Ich brauche auch Hilfe! Ich benötige Energie! Kraft! Die Fähigkeit, zu verstehen, einzuordnen, zu begleiten, zu lindern! Egal ob auf physischer oder psychischer Ebene! Die Fähigkeit, in absoluter Liebe da zu sein! In absoluter Liebe, hörst du! Und das jetzt! Genau in dieser verrückten Situation und Begleitung! Ja! Ich will auch diesem Menschen in absoluter Liebe begegnen! In mich strömte eine tiefe Ruhe. Stille. Es war, als hätte ein Jemand das Gehirn ruhiggestellt, das Herz weit aufgerissen und die Seele geöffnet für das Weitere der noch vor uns liegenden Nacht. Mein Schutzgeist? Gott? Jesus Christus oder ein sonstiges geistiges Wesen? Egal! Amen!

Mittlerweilen war Mitternacht. Mein Magen wollte den ersten Schokolade- und Brotschub! Leise, ja nicht störend packte ich beides aus und genoss die Süße der Schoggi! Die ersten Bissen geschluckt, blieb mir der zweite Schoggi-Riegel fast im Hals stecken! Frau Rotti legte los! Augen und Mund geöffnet! Einer Krähe gleich krächzte sie in schrillem Ton: „Wissen Sie, Frau Nachtwache, es gibt hier eine Regel! Halten Sie sich nicht daran, lernen Sie fliegen. Zurück in Ihr Büro!" Oh mein Gott! Diese geballte Energie! Der kaum auszuhaltende Blick ihrer getrübten und doch so erbarmungslos stechend funkelnden Augen haftete an mir, als würde sie mich hypnotisieren und mit Gift attackieren wollen. Sie streckte ihre Hand aus, nahm die meine, hielt sie fest und schrie: „Diese Nacht! Diese Nacht! Kein Wort von Gott! Von Jesus Christus! Von Allah oder sonst einem der nicht existierenden groß gejubelten nichtstauglichen Individuen, Unsichtbaren und nirgends Bestehenden! Kein Wort von Glauben! Von Vergebung! Von Vorsehung! Des Trostes! Nächstenliebe? Gibt es nicht! Existiert nicht! Liebe? Dass ich nicht lache! Existiert nicht! Gibt es nicht! Achtung vor einem Menschenleben? Gibt es nicht! Krieg? Ja! Krieg und Hass, Verfolgung, Folter, Kälte, Hitze, Hunger, Durst, Schändung und Tötung, das gibt es! Das ist und existierte in meinem Leben! Noch! Immer noch in dieser Minute." Geschrien und erschöpft fiel sie wieder in ihre Kissen zurück! Mein Gott! Ich zitterte innerlich, bebte und schien zu erfrieren ob so viel Hass! Mein Hunger auf Schoggi und Brot löste sich blitzartig auf! Meine Magennerven spielten verrückt! Mir wurde übel! Noch sieben Stunden! Sieben Stunden Nachtwache bei Frau Rotti! Sterbebegleitung! Sterbe-Begleitung! Begleitung hin zum Sterben! Wie weit wird dieser Weg wohl sein bei so viel aufgestautem und ein Leben lang mitgeschleiftem Hass! Schmerz! Elend! Not! Hilflosigkeit und Verbitterung? Wo ist ein Pfarrer? Ein Psychiater? Diese zwei sollten doch hier an diesem Bett stehen! Nicht ich! Nein! Ein Arzt! Beruhigungsmittel spritzend und mir selbst sofort ein Temesta verabreichend! Die Seele besänftigend und ins Traumland schickend! Herrgott, hilf mir!

Mir! Subito! Nicht ihr! Frau Rotti will von dir nichts hören! Nichts will sie hören, was doch sonst in den allermeisten Fällen bei Sterbenden hilfreich ist! Das Wissen, nach Hause zu gehen, zu Dir, Gott, in das so gelobte Jenseits! Jetzt, jetzt in diesem Moment fehlte mir die Autobahn zu Gott sehr! Ich würde Frau Rotti packen und sie, wenn auch mit Gewalt zu Gott schleppen! Er ist doch liebend, verzeihend und ein gütiger Vater! Hier, Vater! Eine verzweifelte Seele! Irgendwie vergessen worden im Erdengetümmel, Krieg und Chaos! Hilf ihr! Ich will sehen, dass du sie aufnimmst! Annimmst! Ihre Seele mit Licht erfüllst! Sie das irdisch verdammt gelebte Leben vergessen kann! Sie sieht, dass es dich wahrhaftig gibt! In aller Größe! Liebe! Barmherzigkeit und Vergebung! In Gedanken ging ich diesen Weg mit Frau Rotti! Faszinierend und erschauernd zugleich. Diese Bilder! Frau Rotti, an mich gebunden wie ein Stück Vieh, sich wehrend und strampelnd auf der Autobahn! Zwangsweise! Mehr im Rückwärtsgang gehend und ich mit aller Kraft an ihr zerrend oder vorwärts schiebend, hin zu Gott! Oh, da ist noch etwas Entscheidendes! Auf Grund ihres zerfallenden Körpers hätte ich sie doch auf einen Karren legen oder binden müssen! Ja, ich hätte den Karren nicht von einem Esel ziehen lassen! Nein! Zu störrisch! Zwei Störrische wären zu viel gewesen für meine Kräfte, Energien und Nerven! Das edelste und schönste Pferd, ein Stolzer, mit hoch erhobenem Haupt, schwarz wie die Nacht und mit dichter, fliegender Mähne hätte ich vor den Karren gespannt. Nebenher galoppierend ein schneeweißer Schimmel! Und dann noch das Rauschen und Flügelschlagen der uns begleitenden Engel! Oh, welch berauschendes Bild! Unsagbar faszinierend! Mich erfüllte eine nicht erklär- und beschreibbare Kraft! Jäh erwachte ich aus dem so auf wundersame Weise Erträumten! Frau Rotti war wieder wach! Ja, ja, ich bin da! Was darf ich für Sie tun? Was wünschen Sie?

Wasser? Ja natürlich! Moment! Mit Kissen hochgelagert und gepolstert rechts und links nippelte Frau Rotti mit spitzen Lippen ein Schlückchen Wasser. Unsere Augen trafen sich. Wortlos fiel sie in die Kissen zurück. Ihre Augen blieben an mir haften und registrierten jede meiner Bewegungen. Ruhig und bedächtig stellte ich das Glas auf den Tisch. Langsam, so als wäre ich auf der Lauer, näherte ich mich wieder dem Bett. Immer im Bewusstsein und erwartend, dass ein nächster Ausbruch seitens Frau Rotti erfolgte. Zwei Schritte vom Bett entfernt blieb ich stehen. Unschlüssig, wie weiter! In einer Steife oder eher in pantomimischer Art und abwartend. Mit käcker Stimme sagte Frau Rotti: „Dass Sie noch da sind, ist ja auch nicht normal!" „Wieso? Was haben Sie denn erwartet? Dass ich fluchtartig wegen Ihrer Tiraden und Ihrem Geschrei das Haus verlasse? Nein! Ich habe einen Auftrag! Die Nacht bei Ihnen Wache zu halten. Sie zu begleiten. Für Sie da zu sein. Zusammen aus dieser Nacht das bestmöglichste zu machen. Zu Ihrem Wohlsein! Das ist mein Auftrag!" Ironisch keifte sie: „Zu meinem Wohlsein! Wohlsein! Zum Teufel! Was ist das? Ich kenne das nicht! Gibt es nicht! Wohlsein! Sie leben in einer Traumwelt, Sie, Frau Nachtwache! Jawohl! Fern aller Realität! Satansbrut!" Jesses! Was hat sie gesagt? Satansbrut? Nein! Doch! Satansbrut hat sie gesagt. Nach kurzem Schock und mutig wie eine gedopte Maus fragte ich: „Wie bitte? Habe ich richtig gehört? Haben Sie eben Satansbrut gesagt?" Zutiefst erschrocken über meine Frage riss Frau Rotti die Augen auf und keifte: „Hitler und die SS, das ist Satansbrut!" Die Augenlider klappten zu! Totenstille! Tränen quollen aus ihren Augen und aufgewühlt schluchzte und stöhnte Frau Rotti vor sich hin. Die Finger in das Duvet krallend. Ich ließ sie gewähren. Jetzt ja kein falsches Wort! Abwarten! Himmeldonnerwetter! Gott hilf ihr! Auch wenn sie nicht an dich glaubt. Kannst ihr doch jetzt gerade, in diesem Moment zeigen, dass du da bist! Leg ihr Ruhe und Friede in ihr Herz und stille ihre Seele nach Liebe und Geborgenheit! Jetzt! Sofort! Nimm sie zu Dir! Erlöse sie von ihrem Erdendasein und dem zerfallenen, irdischen Leib! Bitte, sofort! Amen! Ich trat an ihr Bett, legte wortlos meine Hand auf ihren Bauch und verweilte so. Das Schluchzen wurde weniger. Der Tränenstrom mehr. Frau Rotti nahm meine Hände, öffnete die Augen und bat mich, sie in den Arm zu nehmen. Ich nahm sie in meine Arme. Mühsam legte sie auch ihre Arme um meinen Hals und drückte sich an mich. Meine Augen füllten sich mit Tränen, als ich ihren bebenden Körper an dem meinen spürte. Es war, als würde ich mein Kind in meinen Armen halten. Im Augenblick waren wir nur noch Eins! Ich flehte um Kraft! Erhielt sie! Von wem? Keine Ahnung! War egal! Hauptsache, ich spürte die Kraft! Nach einer für mich endlos gefühlten Zeit erschlaffte der Körper von Frau Rotti und ich ließ sie zurück in die Flut der Kissen fallen. Mich erfüllte eine tiefe Liebe für diese vor mir liegenden, leidenden und scheidenden Seele. Von göttlicher Ruhe erfüllt hielt ich die Hand von ihr, bis sie erneut in einen Bewusstlosigkeit ähnlichen Schlaf fiel. Morgens um fünf Uhr verabreichte ich Frau Rotti das verschriebene Morphium. In aller Ruhe und eindringlich bat sie mich, die nächsten Nächte erneut bei ihr Nachtwache zu halten. Sie nicht alleine zu lassen! Sie brauche mich dringendst! Ja, vielleicht auch mal am Tag!

Du meine Güte! Ja, ich sagte die nächste Nacht, die nächsten Nächte zu. Tagsüber musste ich jedoch schlafen können! Die Nächte waren lang! Anstrengend! Psychisch und physisch! Ich hatte zugesagt! Ja gesagt! Verwirrt musste ich gewesen sein in diesem Augenblick! Ich wusste ja gar nicht, was noch alles in Frau Rotti brodelte, wühlte und aus ihrem Innersten raus geschleudert werden musste! Mir entgegen, als wäre ich eine Zielscheibe von einem Scharfschützen! Nach einer bewegten, tief aufwühlenden, erlebnisreichen, sehr lehrreichen und von irgendjemandem gesegneten Nacht verabschiedeten wir uns beim ersten Sonnenstrahl morgens um sieben Uhr. So, als würden wir einander nicht mehr wiedersehen. Weit gefehlt. Es folgten noch ein paar Nächte.

Frau Rotti erzählte mir mal in abgrundtiefem Hass, dann wieder schluchzend und schreiend, verzweifelt und traurig, anklagend, angsterfüllt und in Panik von ihrer Kindheit. So, als würde sie im Moment das Erlebte erneut durchleben, fühlen und erleiden. Die Flucht! Das Versteckenmüssen! Nicht husten! Nicht niesen! Nicht bewegen! Ausharren! In Angst und Panik die Schritte hörend der Hitler-Getreuen. Suchend nach Juden! Die Schreie hörend der Soldaten und deren gequälter Gefangenen. Das Wissen vom Verfolgtwerden und -sein. Der Hunger! Der Durst! Die hilflosen Eltern erlebend! Das schutzlose Ausgeliefertsein! Die Flucht erneut in neue Verstecke. Hinter den Mauern bleiben! Nicht auffallen! Mit niemandem sprechen! Namenlos sein! Und, und, und! „Und wo war Gott"? Diese Frage stellte Frau Rotti in vorwurfsvollster Art! In grenzenloser Wut! Satan, ja, der war überall! Er hat seine Arbeit vollends verrichtet! In Hitler und seinen Getreuen! Den Quälern! Den Folterern! Den Verrätern! Den Schlächtern! „Und Gott? Wo war und ist er? Sag, wo du bist! Ich will Antworten! Gib mir eine Antwort! Ich weiß, es gibt dich nicht! Du existierst nicht! Du hast mir als Kind nicht geholfen! Hast mich und meinen Bruder schändlich alleine gelassen! Du hast zugelassen, dass meine Eltern deportiert, verschleppt und vergast, getötet wurden! Ich sie nie mehr sah! In den Arm nehmen konnte! Ihre Liebe und Geborgenheit entbehren musste! Bei fremden Menschen und alleine, im Herzen todtraurig und in der Seele zerstört, meine Kindheit leben und mich durch mein junges Erwachsensein kämpfen musste! Ich habe aufgehört, an dich zu glauben! Ich glaube nichts mehr! Der Glaube ist ein Irrglaube! Gott ist ein Hirngespinst! Erfunden, um Menschen zu unterjochen, gefügig zu machen und zu beherrschen! Und jetzt! Jetzt liege ich im Sterben und glaube immer noch nicht an dich! Nie werde ich in meinem Sterben nur einen Gedanken an dich verschwenden! Ich habe Kraft gefunden in mir! In der Natur! Den Tieren! Das Kätzchen hat mir in meiner Einsamkeit als Kind Kraft, durch sein weiches Fell Geborgenheit, Zärtlichkeit, Wohlbefinden, Wärme, Halt vermittelt und geschenkt! Ihm durfte ich alles anvertrauen. Ich habe mich verstanden gefühlt. Das Kätzchen benötigte meine Zuwendung und ich die seine. Die Bäume haben mein Wehklagen erhört, ertragen und mir Schutz gewährt. Zu deren Wurzeln konnte ich mich hinsetzen, mich an den Stamm lehnen und die Kraft spüren. Im hohen Gras, in die Blumenwiese durfte ich mich hinlegen, gen Himmel schauen und meiner Sehnsucht und den Tränen freien Lauf lassen. Die Gesänge der Amsel, das Gezwitscher der Vögel waren für mich Musik. Das ist mein Glaube! Ich wurde zu einer überzeugten Atheistin! Können Sie das verstehen? Nachvollziehen? Bleiben Sie als Nachtwache? Begleiten Sie mich immer noch bis zur Schwelle des Todes? Auch, wenn ich im letzten Atemzug immer noch nicht an Gott und das Geschwafel der Bibel glaube?" „Ja! Natürlich! Jeder glaubt an eine höhere Macht! An ein höheres Bewusstsein! An eine Kraft! Jeder findet Kraft in irgendwelcher Form!" „Das haben Sie gut gesagt. Ich will in Frieden und versöhnt dem Tod ins Auge sehen. Bitte! Bitte! Bitte umarmen Sie mich! Sie haben mich verstanden! Sind mir mit Achtung begegnet! Sie haben mein Herz berührt! Ich habe Sie als Nachtwache und Mensch nach anfänglichem Misstrauen und Hass lieb gewonnen! Danke! Danke für Ihr Dasein!" In der folgenden Nacht ist Frau Rotti um zehn Minuten nach elf Uhr verstorben. Versöhnt nach vielen Nächten der

Aufarbeitung, Vergebung und dem Wissen, dass ihr Glaube an die Natur ihr so viel Kraft vermittelt und sie bis in den Tod begleitet hat! Ein letztes Mal nahm ich ihre Hand und legte sie an mein Herz. Ich nahm Abschied von einem großartigen Mensch! Ich verbeugte mich vor ihr! Und jetzt zu dir, lieber Gott! Ist sie bei dir angekommen? Ist sie nach diesem so schwierigen, entbehrungsreichen und traumatischen Leben bei dir von herrlichem Licht umgeben? Von ewiger Liebe getragen? Angekommen im so gepriesenen Jenseits? Dem Garten Eden? Die Autobahn zu Gott! Ich vermisse sie so sehr! Alle meine Lieben und Begleiteten würde ich besuchen gehen! Mich vergewissern wollen, ob sie angekommen sind im Jenseits, oder doch Luzifer einige von ihnen abgefangen und mit in die so feurig beschriebene Hölle mitgenommen hat! Ja, da erinnere ich mich auch an die Nonne, die infolge Verwirrtheit das Vaterunser und Ave Maria nicht mehr auf die Reihe kriegte! In ihrer Verzweiflung schrie sie immer: „Satan ist in mir. Er fahre zur Hölle! Hölle! Hölle! Hölle!" Immer lauter und verzweifelter schrie sie das Wort Hölle! Diese arme Seele! Da hat auch nur die Injektion mit beruhigender Substanz geholfen und nicht Gott! Ein Leben lang an Gott geglaubt, gebetet und im Kloster getrennt von der eigenen Familie gelebt, und? Was ist im Sterben und im Angesicht des Todes geblieben? Das Wort Hölle! Traurig! Ich spüre erneut eine unbändige Wut! Wut und Abscheu über das Bodenpersonal Gottes! Welch verwerfliche Ansicht, dass ein Mensch, unfähig zu beten, von Gott verlassen und verstoßen wird! Dass der Glaube an Gott und das Nicht-mehr-beten-Können nicht tragend sein kann an der Schwelle von der Erde hinüber ins Jenseits! Diese Angst! Dieser Horror! Die Nonne beherrschend wie die Pest! Verrückt! Ich bin erschüttert, wie viele Menschen im Sterben kämpfen. Kämpfen wegen ihres Glaubens an die Hölle und den Himmel. Immer im Zweifel, ob sie nun der Kirche entsprechend gut und getreu genug gelebt haben, um die Gnade Gottes zu erfahren oder sie doch eher der Hölle entgegengehen und sich Luzifer an ihrer Ankunft erfreut. Und übrigens, was ist mit den Seelen, die keine letzte Ölung und Vergebung durch das Bodenpersonal Gottes erhalten haben? Die durch Unfall oder Herzstillstand zu Tode kommen? Die, die in Verwirrtheit sterben? Die, die durch einen Schlaganfall der Sprache beraubt worden sind? Wer bitte beantwortet mir diese Fragen? Ich will eine Antwort! Oh, die Antwort, wir müssten für diese Seelen um deren Seelenfrieden beten, reicht mir nicht! Ungenügend! Oh Gott! Schau hin! Komm her! Bau eine Autobahn von der Erde hin zu dir! Eine Lichtautobahn! Ich habe dir ein Bild, wie diese Autobahn aussehen könnte. Als Alternative zur Betonstraße! Als Leitplanken aufgestellte Engel! In allen Farben leuchtend! Uns wegweisend Sicherheit gebend! Vorfreude und Beschwingtheit entwickelnd! Ohne Geschwindigkeitsbegrenzung! Schnurgerade! Ja. Das wünsche ich mir! Beim Fotografieren des Bildes ist in mir die Vorstellung entbrannt, wie herrlich doch eine Fahrt, weg von der Erde hin in den Himmel sein würde! Dieses befreiende, stärkende und wärmende Gefühl wird meine Seele auf ewig und immer bereichern! Tränen, was wollt ihr in meinen Augen? Meine Seele wird von einer unbeschreiblichen Sehnsucht erfasst! Ich lasse meinen Tränen freien Lauf und begebe mich in die Bilder des unbeschreiblich schönen Erlebens! Fern der Realität! Ich höre den Lärm der Straße, das Kreischen der Kinder nicht mehr. Ich sehe nur noch Licht! Licht in allen Farben! Ich verliere mich in mir! Ich bin! Erdgebundene Seelen! Auf der Erde gebunden! Sie sehen das Licht nicht! Wo ist ihr Schutzengel? Wo Gott? Wo sind alle die Geistwesen? Schnell folgt ein Gedanke dem anderen, sich überschlagend und in einer ungewohnten Heftigkeit. Ich muss schreiben! Werde geführt!

He! Langsam, langsam, bitte! Engel! Ein so faszinierendes Wort. Engelbilder! Herrlich, wie verschieden und niedlich Engel von Malern dargestellt werden. Und dann noch die modellierten Engel mit den Flaumfedern und den lieblichen Gesichtern, die zum Kauf angeboten auf einem Verkaufsregal stehen oder sitzen! Unwiderstehlich spüre ich die Kauflust! Ich will so ein herrliches Gebilde bei mir, in meinem Zimmer haben. Beim Betrachten der Engel spüre ich eine bereichernde, aus unbeschwerten Kindertagen erlebte Kraft und Energie, Freude und Wärme in mir. Für welchen Engel ich mich entscheide, wird in meinem Innern und meinem Auge entschieden. Zu teuer! Lieber Engel, du gefällst mir sehr! Aber zu teuer! Ich bleibe lange stehen und höre in mich hinein. Zweigeteilt, kauf ihn, zu teuer, nein, nicht kaufen, laufe ich weiter. Sicher finde ich einen noch schöneren und billigeren Engel! So irre! Nichts! Hunderte stehen, sitzen da! Keiner, den ich kaufen und mitnehmen möchte. Ich laufe zurück an den Eingang der Ausstellung und sehe schon von Weitem meinen Engel! Abgelehnt wegen des Preises! Es ist unglaublich, diese Faszination! Was ist los? Er muss zu mir! Ich muss ihn kaufen! Es ist, als ob irgendein Lebenshauch, ein Geistwesen um dieses Gebilde herum schwebt! Aus dem Gebilde ausgeht, strahlt! Und die Verkäuferin! Ja, die hat mich angelacht, mir eine Visitenkarte in die Hand gedrückt, den Engel mit unendlicher Hingabe eingepackt und mich mit den Worten verabschiedet: „Dieser Engel wurde ausgesucht von dem vor zwei Tagen verstorbenen Menschen, dem Sie nahe gestanden und den Sie im Schwerstkranksein begleitet haben. Bitten Sie um seinen Seelenfrieden! Er ist noch hier! Jetzt gerade anwesend!" Als wäre ich zur Eissäule geworden, starre ich auf die Visitenkarte und dann in das Gesicht, die Augen der Verkäuferin. Sie ist Heilerin! Ich nehme ihre Ausstrahlung wahr, fühle eine sanfte Wärme und sehr starke Liebe in mir aufsteigen. Sie sagt: „Sie können dem Verstorbenen helfen! Helfen Sie ihm, den Weg ins Licht zu gehen. Er ist eine verlorene Seele! Erdgebunden! Sie haben die Fähigkeit und Kraft!" Du lieber Gott! Lieber Engel! Ist dieses unerklärlich Gespürte, dieser vorhandene Hauch die noch erdgebundene Seele des durch Suizid Verstorbenen Schwagers? Die Seele befreit durch das Töten des Körpers, weil das Erdendasein mit allen Mühen im Krank- und Verlorensein nicht mehr erträglich war! Gedankenverloren laufen meine Schwester und ich Schritt für Schritt nach Hause! Es ist jetzt dreiundzwanzig Uhr dreißig und der Adventmarkt schliesst sowieso, ich bin müde, will jetzt nur noch schlafen! Zu viel erlebt in den letzten sechsunddreißig Stunden. Schluss! Erdgebunden hin oder her! Morgen ist auch noch ein Tag! Oh Gott! Und welche Herausforderung steht morgen vor mir! Hilf mir doch! Ich brauche dich jetzt! Jetzt dringend! Ich spüre nichts! Nur der unendliche Wunsch nach absoluter Ruhe! Ja, du erdgebundene Seele, lass mich ruhen! Geh mit deinem Schutzengel ins Licht! Du hast dieses Lebensende so gewollt! Punkt! Ich kann nicht schlafen. Also werfe ich die zweite Schlaftablette ein, und ab ins Traumland, weg! Mein Unterbewusstsein schmeißt mir Bild um Bild hin. Wie heißt das doch? Träume sind Briefe aus dem Unterbewusstsein, der Seele. Lies sie! Versuche sie aufzuschlüsseln! Habe ich geträumt oder real erlebt? Ich habe die Seele des Verstorbenen gesehen. In einem Dorf. Mir unbekannt. An einer Hausecke anlehnend. Von der Hausecke aus verliefen verschiedene Straßen. Mit starrem, sehr traurigem Blick stand er da. Das Gesicht jedoch aussehend, als wäre er zwanzig. Es scheint, als könne er keine Entscheidung treffen, welcher Straße er folgen solle. Gebunden! Nicht fähig, Licht zu sehen! Hilfe! Helft dieser Seele! Niemand zuständig? Herrgottssakrament! Schutzengel! Du bist von Geburt an zuständig! Du bist auch im Sterben und nach dem Eintritt des

Todes für die Heimführung der Seele zuständig! Heim ins Jenseits! Ins Licht! Aha, die verlorene Seele glaubt noch nicht, dass sie endgültig und auf immer und ewig weggehen soll von der Erde? Durch Suizid gegangen! Doch zu schnell! Zu eilig! Natürlich ein Kurzschluss, obwohl doch genau geplant! Alles im Detail! Doch vieles, allzu vieles unverarbeitet und gehend ohne jeglichen Abschied, einfach abgetreten! Und jetzt hast du den Film über dein Leben gesehen? Die Lösungen, die es gegeben hätte? Die Liebe? Die überall wartend sich zu Tode gelangweilt, aus dem Herzen verbannt, in der Seele erstarrt und mit der Zeit erfroren, zu Tode gekommen ist? Weggeworfen! Nicht beachtet! Und willst du jetzt noch etwas gut machen, bereinigen, dich verabschieden? Tun dir jetzt die Angehörigen, die einstmals so geliebten Menschen in ihrem tiefsten Leid, ihrer Verzweiflung und Not über dein Gehen leid? Zu spät! Du kannst hier auf der Erde nichts mehr bewirken! Du bist Geist! Ja, verdammt! Ich spüre deine Anwesenheit, ja! Nein, du kannst mir die Hand nicht geben! Geh! Geh jetzt mit deinem Schutzgeist! Er alleine ist für dich zuständig! Wo bist du jetzt? Aha! Verschwunden hinter dem Haus? Wartend? Abwartend? Auf was? Dass ich dir nachkomme? Glaubst du mir nicht? Geh! Ich führe ein Gespräch mit der höheren Macht! Dem Schutzengel der verirrten Seele! Ich bitte! Flehe! Bitte und flehe! Vor zwölf Tagen war die Beerdigung deines irdischen Körpers! Liebe Seele, bitte geh! Geh bitte! Weg von mir! Lass mich in Ruhe! Amen! Ich erwache! Ein neuer Tag beginnt! Bleiern liegt die Müdigkeit und Trauer in mir. Auf dem Bett sitzend, begebe ich mich in mein Innerstes, bitte um Kraft, um Ruhe und Frieden! Ritual! Die Autobahn zu Gott! Der direkte Weg zu ihm und gut beschildert für jede Seele sichtbar! Welch ein Geschenk! Und jede Seele würde den Weg hin ins Jenseits, den Garten Eden sofort sehen! Und Luzifer! Der wäre arbeitslos! Keine Seele für ihn! Zu Tode langweilen könnte er sich! Die Hölle schließen wegen fehlender Gäste! Welch eine Vorstellung! Das Fegefeuer gelöscht! Aus die Glut! Nada! Die rot glühende Gabel erkaltet und wirkungslos. Niemandem mehr Furcht einflößend! Himmlisch, dieses befreiende Gefühl zu erleben! Und Luzifer, der Satan, arbeitslos! Keine Hölle, kein Fegefeuer, nichts mehr vorhanden. Luzifer, der Höllenfürst! Ein Fürst ohne Hölle! Ein Fürst ohne Macht! Ich schmunzle und mein Herz lacht über diese Gedanken. Das Bodenpersonal Gottes, die selbstherrlichen mächtigen Kirchenfürsten und Heiligen müssten die Bibel neu erfinden! Oh Wunder! Alles Eingeimpfte, Aufgestempelte, Eingetrichterte und in die Seele und das Herz Eingebrannte nicht mehr gültig! Schrott von gestern! Ein Jahrtausende altes Martyrium zu Ende! Welch Seligkeit! Ich juble vor lauter Glück! Nur noch das Gute existierend! Liebe! Frieden! Achtung! Respekt! Werte lebend in positivster Art! Ethik, Moral, Würde! Ein Handschlag wieder gültig und eine Ehrensache, keine leere Phrase! Alle Irrgläubigen und Glaubenskrieger müssten ihre Gesinnung neu aufgleisen! Umbruch! Altes Vertrautes weg, weg gebrochen und Neues noch nicht Sicht – aber lernbar! Das Jüngste Gericht? Zu! Oder wer würde von wem denn sonst wohin geschickt, wenn der Satan, Luzifer, der Höllenfürst, die Hölle, das Fegefeuer nicht mehr existieren würde? Und wenn wir alle Englein wären?

Kinder sterben im Lichterglanz! Geborgen und eingebettet in ihrer noch feinfühligen und der geistigen Welt noch offenen, nicht wertenden Lebensweise und innerer Liebe. Kämpfen sie? Nein, sie kämpfen nicht! Sie nehmen an, was ihnen auferlegt wird. Sie sind stark! Sie weinen still und leise! Tränen kullern über die vom Fieber roten Wangen, im Arm ihr Kuscheltier haltend, liegen sie in ihren Bettchen, und ein zaghaftes

Lächeln huscht über die Lippen und in den kleinen Augen ist ein winziger Sternenglanz zu sehen. Ihr Anblick und ihr Verhalten ist göttlich! Gesegnet und Kraft gebend all denen, die sich um sie sorgen! Der kleine zwei Jahre alte Jonas! Mit Blaulicht und heulender Sirene wird er auf die Intensivstation gebracht. Seit einer Stunde apathisch! Regungslos! Hohes Fieber! Reagiert nicht auf Ansprache! Reagiert nur noch vage auf Kneifen! Die kleinen Augenlider geschlossen. Die Eltern, sich weinend umarmend, vor dem Reanimationszimmer wartend! Die Atmung setzt kurz aus. Dr. Rominelli fängt mit der Reanimation an. Mit den Daumen, sanft und doch das Herz stimulierend. Sauerstoff! Wieder Herzmassage! Jonas! Bitte atme! Bitte! Bitte! Deine Eltern wollen dich nicht verlieren! Himmel Herrgott! Siehst du dieses Kind? Sieh dir seine Eltern an! Wieder Herzmassage! Spritze, kreislaufunterstützende Infusion wird gesetzt. Keine regelmäßige Atmung! Immer wieder diese verfluchten Aussetzer! Herzmassage! Die Eltern stehen neben dem Bett. Sie müssen bei ihrem Jonas sein! Ihn sehen! Sehen, dass wir ihn nicht einfach so aufgeben und ziehen lassen! Nein! Zwei Jahre alt! Jonas öffnet kurz seine Augen, atmet zwei Mal tief ein und jetzt? Was? Schock? Ein Engel hat ihn geholt! Auf dem Monitor erscheint dieser jetzt gerade so verfluchte, verdammte lange Signalton und schnurgerader Strich! Abschalten! Nicht auszuhalten! Nein! Nein! Jonas! Was machst du! Die Eltern beugen sich wortlos über den kleinen Jonas, küssen und streicheln ihn! Wir sind alle betreten! Können das Weggehen von Jonas noch nicht als Realität wahrnehmen. Dieser kleine Engel! Ohne einen Schrei, ohne eine Träne zu vergießen, hat er diese Welt verlassen! Oh, dieser kleine Körper! Seelchen, wo bist du? Ich habe das Gefühl, du schläfst! Aber das Atmen fehlt! Wortlos legt Dr. Rominelli den kleinen Jonas in die Arme der jetzt laut schluchzenden Mutter! Der Vater weint hemmungslos ob dem

Anblick seines toten Sohnes! Leise gehen wir aus dem Zimmer. Im Office lassen wir unseren Tränen freien Lauf. Die Nachtschicht kommt zur Ablösung. Gott sei Dank! Die Übergabe erfolgt mit den nötigsten Worten und in Trauer um unseren verlorenen Jonas. Wortlos umarmend verabschieden wir uns von den Eltern und von Jonas. Ein Streicheln über die fahlen Wangen, ein Kuss auf die Stirn und ein letzter Blick auf den so entspannt daliegenden, kleinen Körper! Gute Nacht! Lieber Gott, jetzt kann ich dir nicht danken für den heutigen Tag! Nein! Siehst du nicht hin! Bist du in den Ferien? Im Universum am Sternen zählen? Es gibt so unendlich viele alte, kranke, leidende und vereinsamte Menschen, die sich sehnlichst wünschen, sterben zu können! Und du! Du lässt es zu, dass ein Kleinkind im zarten Alter von zwei Jahren seinen Eltern entrissen wird! Warum? Warum? Keine Antwort! Ich fahre nach Hause und in meiner Seele brennen die Worte erneut: Sterben zwischen Höllenritt und Lichterglanz. Jonas, kleines Seelchen, wo immer du jetzt bist, ich liebe dich! Du warst und bist ein Sternenkind! Voller Licht! Du wirst immer in meinem Herzen sein! Ich werde dich, deinen Anblick, deine Größe, deine Ausstrahlung und den Sternenglanz in deinen Augen nie vergessen! Wie werden sich die Engel im Kinderhimmel freuen, dich behüten und trösten zu dürfen. Es hat sich vor vielen Jahren so zugetragen, dass ich einen Blick in eine besonders wunderschöne, herrlich faszinierende Ebene erhielt. Entspannt sitze ich auf meinem blauen Stuhl. Ja, ja, der legendäre blaue Stuhl. Der Therapiestuhl. Blau ist die Farbe des Heils. Die Klienten liebten diesen blauen, sehr schön abgerundeten und dem Körper Halt gebenden, mit weichem Leder bezogenen Sessel. Also, ich sitze selbst darin, entspanne mich, atme ruhig, hindere die Gedanken, mich zu belagern, und will in die absolute Stille gehen. Einfach sein! Da öffnet sich mir ein Bild. Wiese, eine Blumenwiese. Die verschieden farbigen Blüten, Halme und Gräser sind kniehoch. Da, da taucht zwischen den Blüten ein kleines Mädchen im Alter von ca. drei Jahren mit blondgelocktem Haar auf. Oh, es stürzt! Ich will ihm helfen gehen. Eine unsichtbare Hand legt sich auf meine Schulter und hält mich zurück. Ich erlebe eine nicht zu beschreibende Wärme, Liebe und Faszination. Da! Ich sehe das Kind. Oh, es fällt wieder hin! Es steht nicht auf. Ich will gehen, zu dem Mädchen hin! Ich kann nicht! Hallo! Mädchen! Was machst du? Oh, ich traue meinen Augen nicht. Da erscheint ein riesiger Engel in einem rosa Kleid. Sein Gesicht umhüllt von Liebe, Licht, einer Flut zartester Farben. Sein Umfeld leuchtet in nicht zu beschreibenden Farben und einer auf Erden noch nie erlebten Helligkeit. Der Engel beugt sich, hebt das Mädchen hoch, nimmt es auf den Arm, streicht ihm durch das blonde Haar, tröstet, stellt es wieder auf den Boden, gibt ihm die Hand und läuft langsam, sich dem Schritt des Mädchens angepasst. Dort, wo der Engel mit dem Mädchen an der Hand geht, bildet sich vor den beiden ein schmales Gässchen. Hinter den beiden schließt sich die Blumenwiese wieder. Ungläubig und total fasziniert, erfüllt in Ehrfurcht, Demut, Ruhe und einer allumfassenden Liebe genieße ich dieses Bild. Wo nur gehen sie hin! Mein Gott! Wie schön! Traumhaft! Seligkeit pur! Heil! Welch Anblick! Ich sehe ein weißes, lichterfülltes Haus. Blumen, wohin mein Auge sieht. Die Umgebung erstrahlt in zartestem Hellblau, wechselnd in Weiß, Hellgelb übergehend. Fünf Engel sehe ich, große Engel, zwei Meter hoch und etwas mehr. Ihre Größe ist beeindruckend. Mein Gott, ihr Anblick beseelt mich. Diese Ausstrahlung! Liebe und nochmals Liebe ausstrahlend und gebend! Sanftheit! Ruhe! Geborgenheit! Friede! Der eine Engel wiegt ein Kind auf seinen Armen! Er streichelt seine Wangen. Das Kind weint leise vor sich hin. Tränen kullern über seine Wangen. Jonas! Hast du Sehnsucht nach deinen Eltern? Ich kann nicht genug sehen. Mich dürstet richtig nach diesen Bildern. Jeder Engel hat ein Kind bei sich. Jetzt! Da ist wieder das kleine, blonde Mädchen in schönstem Hellblau leuchtend! Es steht auf der Treppe, sein betreuender Engel wie ein Hauch hinter ihm. Es winkt mir zu! Und weg ist es! Trauer und eine zugleich nie erlebte Dankbarkeit durchströmen meinen Körper. Rosalie! Meine Mutter hat mir doch ein Foto gezeigt mit einem kleinen Mädchen! Sie hätte noch eine kleine Schwester, Rosalie. Leider verstorben mit zweieinhalb Jahren! Ich habe das kleine Mädchen sehen dürfen! Danke! Wie ein Blitz wirft sich das Wort Kinderhimmel vor mein Angesicht! Ah, bitte noch einmal diese Bilder! Sind meine zwei verlorenen Seelchen auch dort? Ist das Seelchen, das vor mir das Licht der Welt hätte erblicken sollen, auch in diesem Kinderhimmel? Ich möchte dich sehen. Dir mitteilen, dass ich dich vermisse! Ich liebe dich! Dich nie gekanntes und doch vom gleichen Fleisch und Blut geborenes Brüderchen! Mich erfasst eine Müdigkeit, ohne dass ich die Realität in meinem Zimmer auf Position blauem Sessel wahrnehme. Ich schlafe ein. Nach zwei Stunden erwache ich und bin sprachlos. Überwältigt! Herrgott! Bin ich jetzt durchgeknallt? Ich darf das niemandem erzählen. Nein! Nicht! Noch nicht! Es reicht, dass gewisse Menschen aus meinem Umfeld tuscheln: es isch scho geng chli es Speziells gsi. Ja, ja, eine Rampensau war und werde ich nie! Feste feiern, ein Glas Wein, ja. Aber saufen, grölen und ein Benehmen hinlegen auf einem Niveau aus unterster Schublade? Nein! Da verlasse ich die Gesellschaft und Festwirtschaft! Ich will nach Hause, zu meinen Engeln und zu meinem über allem geliebten Büssi Mitzi! Ihr weiches Fell spüren. Ihr für mich beruhigendes Schnurren hören! Mit meinen Engeln sprechen. Ihnen erzählen, was mir nicht gefällt, was mich glücklich macht oder eben traurig gestimmt hat! Ich bin! Ich bin bei mir! In mir ruhend!

Sterben im Lichterglanz! Herr Boll! Sein Sterben! Die reine Faszination! Mit fünfundsiebzig Lenzen blickte er auf eine zweimalige Reanimation zurück. Jetzt, jetzt kommt das unglaubliche Wunder! Er überlebt die dritte Reanimation! Strahlend liegt er ein paar Stunden nach der Extubation im Bett. Wir begrüßen ihn herzlich zum neuen Leben! „Oh, wunderbar! Zum dritten Mal dem Teufel vom Karren gesprungen! Ich will das feiern mit einem Glas Wein! Darf ich das, Herr Doktor? Bitte!" Ungläubig schaut jeder um das Bett stehende den anderen an, so als hätten wir uns verhört. Erneut bittet Herr Boll mit Nachdruck, man möge doch seinen Wunsch erfüllen! „Jaaaaaa! Ja, wir erfüllen Ihnen Ihren Wunsch nach einem Glas Wein. Ich werde dies veranlassen und in den nächsten fünfzehn Minuten dürfen Sie feiern!" Gesagt und vollbracht! Herr Boll sitzt entspannt und sehr glücklich im Bett und prostet uns zu! Diese Situation! Ergreifend und zugleich total erschreckend! Noch nie erlebt! In achtzehn Jahren arbeitend auf der Interdisziplinären Intensivstation! Wir verlassen das Zimmer, damit Herr Boll in absoluter Ruhe sein Glas Wein genießen darf. Mit einem spitzbübischen Lächeln auf dem Gesicht bleibt mir Herr Boll in Erinnerung. Fünf Minuten später betritt unser Chefarzt das Zimmer von Herr Boll. Der, sitzend im Bett mit geschlossenen Augen, das Glas Wein auf dem Krankentisch stehend und in keiner Art und Weise reagierend auf das Klopfen an der Tür, noch auf den Eintritt vom Arzt. „Herr Boll! Guten Abend!" Keine Antwort! Jesses Gott! Er ist tot! Einfach so gestorben, während er auf das neue Leben ein Glas Wein trinken und feiern wollte! Gestorben mit dem spitzbübischen Lächeln auf dem Gesicht!

Völlig ungläubig stehen wir um das Bett und schauen uns wortlos an! Still und leise gehen wir aus dem Zimmer! Keine erneute Reanimation! Nein! Herr Boll hat das Sterben im Lichterglanz erlebt! So friedlich! Einfach eingeschlafen, als er das Angekommensein in seinem dritten, neuen Leben am Feiern war! Lichterglanz! Glanz der Lichter! Erfüllt von Seligkeit. Diese so gefürchtete Schwelle des Todes einfach so überschritten beim Genuss von einem Glas Wein und der Freude, ein drittes Mal ein neues Leben starten zu können! Ein Leben ohne den irdischen Körper! Die Seele im Himmel! Im Jenseits! In der Ewigkeit! Ja? Möge es so sein! Wer weiß das so genau! Halleluja! Ich bin im freien Fall und dennoch geführt von einer unglaublichen Energie, Kraft, Hoffnung, Zuversicht, Liebe und einer tiefen Demut. Ja, einer tiefen Demut angesichts des Geschehenen in den drei so unterschiedlichen Sterbefällen. Ich verbeuge mich vor der Jüdin, die ihr Martyrium herausgeschrien hat. Ich empfinde Bedauern ihr gegenüber, ihr, der so kräftigen Frau, in ihrer gegen außen hin getragenen Ganzheit. In der Seele jedoch zutiefst verletzt, mit Narben übersät, so störend wie Stacheldrahtspitzen. Im Herzen wütend und gleichzeitig todtraurig über des Beraubtseins ihrer Kindheit, ihrer Würde und ihrer geliebten Familienangehörigen. In Anbetracht dessen kann ich sehr gut verstehen, dass Frau Rotti jegliche Bibelverse und Glaubensphrasen verflucht hat. Sich entfernt hat von jeglichen Glaubensrichtungen bezüglich Gott, dem Allmächtigen; und sich die Natur, Flora und Fauna zum Gott machte und aus diesem Sehen im Frühling, Sommer, Herbst und Winter Kraft und Energie schöpfte. Diese alle sind einer Tatsache, der Ursache und Wirkung entsprungen. Nicht durch Menschenhand, Hirn oder falscher Zunge. Und ich? Ich würde mir wünschen, Gott würde seine Hand über Frau Rotti halten und sie mit Licht und Heil versehen. Ihr alles entbehrte an Würde, Ehre, Liebe, Geborgenheit, Ur-Vertrauen, Heimat, Freude, Glück, Fröhlichkeit und Friede vor Augen führen! Sie es spüren lassen! Jetzt! Nicht, dass sie noch an

Gott glauben müsste! Nein! Um Gottes Willen nicht! Es wäre mein innigster Wunsch, dass diese von der Erde scheidende Seele noch im Sterben alle diese ungeheuren, wohltuenden und nährenden Gefühle und Emotionen erleben dürfte! Ja, nur deswegen! Und dennoch, auch, oder gerade, weil sie Atheistin war, spürte ich eine reine, tiefe Liebe von dieser Seele ausgehend und hin zu mir strömend, als wir uns ein letztes Mal umarmten und ihre Seele den Körper verließ. Dieses Erleben! Ein untrügliches, von Reinheit beseeltes Gefühl durchströmte meinen Körper.

Die Liebe! Die Geborgenheit. Das Vertrauen. Ich gebe mich dir hin. Wir sind Eins. Jetzt gerade, in diesem Erleben, dem Sterben! Es ist vollbracht. Die alles umfassende Liebe hat gesiegt! Ich sehe heute noch den kleinen Jonas vor mir liegen. Als würde er schlafen! Das Gefühl, diesen kleinen Körper schütteln, aufrütteln, hochheben, doch noch Mund-zu-Mund-Beatmung machen zu müssen, war in diesen Minuten nach dem Sterben und dem untrüglich verhassten und verdammten waagrecht verlaufenden Strich auf dem Monitor nicht zu beschreiben. Die Trauer und Machtlosigkeit! Ja, die könnte ich heute, nach all den Jahren noch sehr gut beschreiben! Die Starre und Ungläubigkeit über das Geschehene in dem extra für Reanimationen hergerichteten Zimmer, den Tod dieses kleinen Kindes als Tatsache wahrzunehmen, sind in meinem Innersten in einer kleinsten Faser gespeichert. Unauslöschbar! Heute, im reiferen Alter, erkenne ich Jonas als einen Engel! Dieses Seelchen, von uns geschieden in reinstem Dasein! Dieses Engelhafte! Ja! Von keinem langen Lebens- und Schwerstkranksein gezeichnet! Wie hingelegt von Geisterhand in unerklärbarer Weichheit! Dieses Bild erscheint mir heute wie ein Gemälde mit einer tragisch himmlischen Ausstrahlung. Ich möchte diesen kleinen Körper heute noch, nach dreißig Jahren, in aller Liebe auf meinen Arm nehmen, die Stirn mit einem Kuss versehen, ihn wieder hinlegen, mit weißen und rosafarbenen Rosen umranken und auf einer mit goldener Schrift versehenen Schleife schreiben: In Deiner Reinheit hast Du in mir eine unglaubliche Liebe entfacht! Lieber Gott, leider hat der Glaube an Dich den Eltern keine Kraft gegeben. Nein! Sie haben das Glauben an Dich, das von deinem Bodenpersonal Gepredigte links liegen lassen. Zu groß der Schmerz! Zu groß die Frage: weshalb unser Kind! Weshalb nach vielen Monaten der Hoffnung auf ein Kind dieser grausame Schicksalsschlag. Diese ehemals überglücklichen Eltern, die ihr Kind nach der Geburt in tiefster Liebe, Hingabe und Sorgfalt gepflegt haben, sind nach diesem Erlebnis kinderlos geblieben. Ja, ja, ich höre schon jetzt die Gläubigen, wie sie in stiller, andächtiger Art und in überzeugter Weisheit den **Wegfall des Glaubens als Ursache für die nachfolgende Kinderlosigkeit als Botschaft in die Luftleere des Alls** deponieren. Zumal sowohl Mann wie Frau aus medizinischer Sicht völlig gesund waren. Und der Atheist? Was, wie und auf wessen Grundlage würde er sich zu diesem Schicksalsschlag äußern? In Anbetracht der Tatsache, dass nach dem ersten Schrei der Tod dein Freund und ständiger Begleiter ist, kann sich der Ungläubige auf Ursache und Wirkung berufen. Dieser Schicksalsschlag würde auch ihn hart treffen, aber er müsste nicht noch einen Kampf in Sachen des Glaubens und der damit auftauchenden, tausendfachen Fragen ausfechten! Er kann trauern! Die Natur ist dem eigenen Gesetz gefolgt! Du wirst geboren und hast den Stempel zum Sterben gleich in dir liegen! Brutal! Entspricht jedoch einer nicht abzuleugnenden Tatsache. ‚Freud und Leid' sind Freunde! Verabschiedet sich ein Seelchen, wird auf unserem Planeten Erde ein neues begrüßt! Die Frage, die uns immer wieder beschäftigt, nach dem Warum, Weswegen, Wieso, warum gerade ich oder meine Familie, bleibt meist ein Leben lang unbeantwortet. Ungeachtet welcher Couleur wir sind! Ungeachtet, auf welchem Erdteil wir leben! Ungeachtet welcher Glaubensrichtung oder Glaubensgemeinschaft wir uns verschrieben und angegliedert haben. Ursache und Wirkung! Ich bin krank. Die Krankheit ist unheilbar, somit sterbe ich! Diese Ursache und deren Wirkung ist auch ohne Gläubigkeit nachzuvollziehen und zu verstehen. Ist ein Baby kaum auf der Welt und stirbt, ist es ja nicht krankheitshalber verstorben, sondern wegen einer im Körper liegenden Schwäche oder Reaktion, die zum Tod geführt hat. Ich möchte da kurz den sogenannten Kindstod erwähnen. Er zeigt mir im Falle des kleinen Jungen auf, dass der Segen in einem würdevollen, kampffreien und gnadenvollen Tod nicht glaubensabhängig ist, sondern unserem eigenen Denken und mit uns selbst im Frieden Sein unterliegt. Ein Baby hat noch keine negativen Erlebnisse gemacht, also muss es auch nichts aus seinem kurzen Dasein verarbeiten! Welch ein Segen! Welch eine Gnade! Und wir Erwachsenen? Sind wir jeden Tag im Frieden? Versöhnt mit all dem Erlebten an Gutem und Schicksalhaftem aus unserem Leben? Ich habe mir Gedanken darüber gemacht, was ich wohl im Wissen, ich hätte nur noch eine Nacht zu leben, wem und was mitteilen müsste oder wollte! Ich müsste mich bei etlichen Menschen bedanken! Bedanken für so vieles, was diese Menschen mir an Gutem getan und geschenkt haben! Mich bedanken dafür, dass ich durch alle erlebten Schicksalsschläge reifer geworden bin. Bedanken bei wem? Bei Gott? Nein! Ich musste bereit sein, das mir Hin- oder Auferlegte zu schlucken, zu verdauen, zu verarbeiten und in mein Seelenkästchen als Vergangenheit abzulegen! Nicht dass ich Erlebtes vergessen habe! Nein, das nicht. Aber, und das erscheint mir als eine ungeheure Wichtigkeit, ich habe mich versöhnt mit all dem Erlebten! Ich muss niemanden mehr um Verzeihung bitten. Keinem

Menschen noch Rechenschaft ablegen von Gewesenem, Gesagtem, Gelebtem! Menschen, die mich kränkten, verletzten, demütigten, die muss ich nicht an meinem Lebensende zu mir bitten. Nein! Es liegt an mir, mich nach einem negativen Vorkommnis zu distanzieren, wenn der mich Verletzende zu keiner Aussprache bereit ist. Also lasse ich diesen Menschen in Frieden weiterziehen. Es gibt nichts, was ich in dieser mir noch verbleibenden Nacht als belastende Arbeit erledigen müsste!

## DIE WERTE DER ETHIK, MORAL UND LIEBE

Ethik, Moral und Liebe. Welch Inhalt liegt in diesen drei Worten. Herr Boll, im Lichterglanz gestorben! An was hat er geglaubt? An das Geschriebene in der Bibel oder dem Koran? War er Buddhist oder bei einer der vielen Sekten? Oder war er gar ein überzeugter Atheist? Nein! Herr Boll hat an die oben beschriebenen drei Worte, deren Werte und an sich selbst geglaubt. Er hat sein Leben ausgerichtet und gelebt nach dem im Lexikon der Philosophie beschriebenen Inhalt über Ethik, Moral und der Liebe. Wohlverstanden, der allumfassenden Liebe. Zum Lesen sehr einfach! Zum Leben? Eine echte Herausforderung! Eine für viele Menschen nicht nachvollziehbare Lebensweise und Art. Da möchte ich nur die Selbstbeherrschung, das Beachten der Sozialwerte, die Zuverlässigkeit, Duldsamkeit, Wahrhaftigkeit, Achtsamkeit und Gerechtigkeit erwähnen in Bezug auf die Moral. Sind uns die Inhalte, das Potenzial in diesen Worten, Werten bewusst? Seien wir ehrlich! So ganz im stillen Kämmerchen nachgedacht wahrscheinlich eher nicht! Schon gar nicht, wenn wir im täglichen Leben, dem nicht mehr gesunden Stress ausgesetzt sind. Die Liebe! Das Christentum lehrt die Liebe zwischen Gott und Mensch. Die Nächstenliebe. Nun, da ist nicht nur die Nächstenliebe zum Freund gemeint. Nein! Auch zum Feind. Zu allen Menschen. Unglaublich, diese Vorstellung! Dies umzusetzen in einer Zeit der weltweit bestehenden Kriege, der grausam begangenen Morde und der Zerstörung von Hab und Gut! Der Zerstörung und dem Brechen von Menschenseelen! Kann Liebe gleich Mitleid sein? Nehme ich die ordo amoris, auf Deutsch Rangordnung. Lebt ein Mensch die ethischen Werte, lebt sie und lässt sein Verhalten von ihnen bestimmen, ist das das stärkste individuelle Merkmal seiner Persönlichkeit. Liebe, Liebe, Liebe! Ein Wort! Fünf Buchstaben mit unbeschreiblichem Inhalt und Potenzial. Hoch explosivem Potenzial! Herr Boll hat sein Leben nach den ethischen Werten gelebt. In totaler Herausforderung auf der einen, in totaler Erfüllung auf der anderen Seite. Er war mit Licht und Liebe erfüllt. Kaiserlich in seinem Innersten, seinem Verhalten. Eine Größe ohne Krone und Zepter! Ein Vorbild par exzellence! Sein anfängliches Staunen, das anschließende Lachen, die Freude und das Strahlen seiner Augen nach der dritten, erfolgreichen Reanimation werde ich nie vergessen. Ein Bild, das ich so nie mehr in meinem bisherigen Leben gesehen und erlebt habe. Unauslöschbar, das Gemälde, ich würde sagen, einem Stillleben gleich in seiner absoluten Ruhe, nachdem wir Herr Boll tot, mit dem Glas Wein vor sich auf dem Krankentisch und den Blick vom Fenster aus auf die Natur gerichtet, im Bett vorfanden! Unvergesslich, in bester Erinnerung ist mir ein Gespräch nach der zweiten erfolgreichen Reanimation. Themen: Der Glaube! Die Bibel! Die Kirche! Die Verrohung der Menschheit! Die Kriege und mein Thema: Verdammt auf der Erde zu leben und keine

Autobahn führt zu Gott. Und vor allem: Weshalb, weswegen leben wir heute in diesem verfluchten, verdammten Elend? Diese Fragen bringen leider keine akzeptablen Antworten hervor. Weder die Kirche, noch die Politik ist bereit, diese Fragen ernst zu nehmen, geschweige sie zu beantworten! Und der Glaube allein hilft uns nicht in Frieden zu leben auf diesem ach so schönen Planeten Erde. Die Bibel, das Wort Gottes verhindert leider keine Kriege! Im Gegenteil! Herrgott! Herr Boll! Bitte, lehren Sie uns, das zu leben, was Sie leben, bitte! Ein Schmunzeln huscht über sein Gesicht. Die Augen sind fix auf mich, meine Augen gerichtet. Er nimmt meine Hand, legt sie auf sein Herz und spricht in aller Bestimmtheit folgendes: „Liebe Schwester, leben Sie streng nach den ungeschriebenen geistigen Gesetzen von Ursache und Wirkung! Leben Sie unabdingbar die Werte der Ethik, Moral und der Liebe! Sie werden eine Reife und Erfüllung erlangen, die notwendig ist, um die All- und Nächstenliebe im Innersten spüren, verstehen und leben zu können. Leben und leben lassen! Empfinden Sie die Betreuung eines in Not geratenen Menschen nie, aber wirklich nie als Last! Der in Not geratene Mensch könnte Ihre Dualseele sein! Ihre Berufung ist, im Stillen zu arbeiten! Gefühle, Emotionen, Empfinden! Sie gehören zum Leben und wollen, müssen gelebt werden können. Und noch etwas! Ihre Rebellion hat Früchte getragen. Sie sind fest verankert im Glauben an die für Sie, Sie ganz alleinige, vertraute, höhere Macht! Ja, verdammt auf der Erde zu leben sind wir allesamt. Jedoch auch gleichzeitig zum Sterben. Was denken Sie, wie viele Seelchen nie in Menschengestalt diese Erde berühren, geschweige denn auf ihr hätten leben wollen, beim Wissen, wie brutal auf dieser Erde gekämpft wird? Nicht nur um Macht. Nein, auch um Nahrungsmittel. Wasser und Land. Geld regiert die Welt. Hätten Sie auf diese Erde kommen wollen, im Wissen, Sie hätten AIDS und müssten in erbärmlichster Armut, hungernd, dürstend oder frierend langsam verrecken? Und die Straßenkinder? Was erleben sie? Gewalt! Prostitution und Vergewaltigung! Verachtung! Hass! Verfolgung durch die Miliz! Tagtäglich tausendmal Angst! Betteln und ja nicht erwischt werden! Flucht in die grausam stinkende und ätzende Kanalisation im Untergrund! Krankmachende Leime schnüffelnd, um die Drangsale an Leib und Seele wenigstens für Stunden vergessen zu können. Ihre Eltern, Alkoholiker, Schläger, Drogenabhängige, verarmt und verdammt zu leben im Elend! Ich möchte nicht wissen, wie viele dieser Kinder sich wünschen würden, lieber als Ungeborene im Nirgendwo zu sein. Sehen Sie, in allen Ländern, in welchen dieses Elend täglich immer wiederkehrend Seelen zerstört, gibt es keine Menschen, die wirklich bereit sind, Frieden und Wohlstand zu schaffen. Weder die Regierungen noch die Militärs, noch der Nachbar! Und wir! Ja, wir haben das Glück, in einem noch sicheren Land, mit einem noch relativ hohen Standard zu leben. Ohne Krieg und Hunger! Deshalb bitte! Bitte, leben Sie nach den Grundsätzen der Ethik, Moral und Liebe! Liebe! Alles, was man Ihnen anvertraut, egal ob Mensch oder Tier. Geben Sie ihm die Liebe, Pflege und Behutsamkeit, die es benötigt, um sich geborgen und getragen zu fühlen. Ja, und entlassen Sie es auch immer wieder im Vertrauen darauf, dass es einschließlich der seiner eigens bestimmten Bestimmung folgen muss! Punkt! Und! Kein Wort über unser Gespräch! Das geht nur uns etwas an! Vertrauenssache! Interim! Herrgottsack! Nie hätte ich nur einen Moment daran gedacht, dass nach fünf Jahren eine zweite Reanimation folgen würde. Glück! Ja, das Glück hat mich umarmt und geküsst." Ich lasse meinen Tränen freien Lauf. Meine Seele brennt! In tiefer Dankbarkeit denke ich an diesen herrlichen Menschen zurück. In Dankbarkeit auch an das für mich sehr wertvolle, lehrreiche und für mich wegweisende Gespräch! Wann endlich werden wir uns als Eltern oder Erzieher wieder bewusst, dass gelernte Werte wie Ethik, Moral und Liebe, ungeschriebene Gesetze wie Ursache und Wirkung lebensqualitätsfördernd und erhaltend sind? Wo werden diese Werte gelernt? Ausschließlich zu Hause im Elternhaus? Auch umgesetzt und danach gelebt? In der Schule als Fächer im Unterricht? Im Religionsunterricht? Von der alten Generation zur jungen Generation lernend und überliefernd? Wo ist die Leichtigkeit des Lebens und Seins? Unterschwellig vorhanden und kann nicht geboren werden? Durch einengende Zwänge einer Institution oder einem unter Kontrollzwang agierenden Elternteil?

An wie vielen Tagen oder Stunden erlebt der Mensch eine tragende Geborgenheit im eigenen Daheim? Ohne eingeschaltetem Handy, Fernseher oder Computer? Oder dauernd kreisenden Gedanken um das Morgen? Wie viele Menschen haben heute noch das Glück, in Frieden und in Ruhe ihr Dasein leben und genießen zu können? Schlafen, ohne die ständige Angst haben zu müssen vor Übergriffen einer Miliz oder einer sonstigen blut- und machtdurstigen Horde? Der Arbeitslosigkeit und Armut? Wie viele Menschen sind sich dem Wert der bestehenden Fauna und Flora noch bewusst? Außer dem Landwirt vielleicht, weil er durch den Verkauf der Produkte seinen Lebensunterhalt verdient! Dem Wert, Nahrung ohne Probleme kaufen und konsumieren zu können? Die Zeit! Zeit, Werte zu vermitteln, zu lehren, wird uns durch die heutige, stressige und sehr viel fordernde Berufswelt nicht einfach so geschenkt. Zeit, die Werte zu leben, müssen wir uns auch selbst schenken und sie in unsere Tagesstruktur einflechten. Gespräche, Diskussionen, Lernen, Beobachtung, Achtung, Respekt und Beachtung, all dies benötigt Zeit. Zeit, die nicht unter geschenkter Zeit verbucht werden kann.

Eine Insel der Ruhe, Stille und Einkehr wird uns auch nicht auf dem Silbertablett serviert. Erschaffen heißt das Zauberwort. Zeit und Aufwand, den Bedürfnissen entsprechend, darf ich nicht scheuen. Wollen wir den Druck der ständigen Präsenz der Medien und deren Berichte nicht mehr in unser Tagesdasein einbinden, können wir dies nur ändern, indem wir sie weniger konsumieren. Ruhe! Ruhe haben, nichts mehr wissen wollen von all den Gräueltaten, Kriegen und Gewalt! Schutz oder Feigheit? Realität verdrängen? Existierendes nicht wahrhaben wollen? Mag sein. Ich wäre gerne ein Feigling in dieser Beziehung! Denn ich will keine Gewalt, kein Krieg, keine Gräueltaten! Sollen die, die es wollen, doch schon jetzt zu Satan, dem Höllenfürst, und sich dort gegenseitig ein Gemetzel und Kriegsgeheul liefern! Krieger gegen Krieger und Satan als Schiedsrichter! Oh mein Gott, welch faszinierende Vorstellung! Ja! Und Gott? Der könnte aus sicherer Distanz vom Himmel aus zusehen und sich göttlich amüsieren und zu Tode lachen ob seiner lieben Erdenbürger, denen er das Leben schenkte! Amen! Und trotzdem, die Gefahr, selbst Gräueltaten in einer angeblich sicheren Schweiz in Zukunft erleben zu müssen, sind sehr groß! Zu nahe schon! Nur zweieinhalb Stunden Flugzeit entfernt! In unserem noch friedlichen Land sind die Radikalen schon unter uns! Leider eine Tatsache! Einzelne, Unscheinbare haben meist eine große Anhängerschaft! Sie agieren nicht in der Öffentlichkeit! Nein! Im Diffusen! Im Geheimen! Wir wissen es! Die Angst, sind wir doch ehrlich, unterschwellig vorhanden. Und wer schützt uns? Gott? Eine höhere Macht? Der Glaube an die Engelslegionen? Die Regierung? Das Militär? Welche Sekte oder Glaubensgemeinschaft hat die Kraft, Frieden statt Krieg zu fördern auf dieser verdammt schönen Erde? Keiner! Niemand! Auch nicht Gott! Auch nicht Jesus Christus! Schon gar nicht Satan! Keine Engelslegion und auch kein Glaube!

Verdammt auf der Erde zu leben und keine Autobahn führt zu Gott! Verfluchte Erkenntnis! Ich bin also am Leben, um den Sinn des Lebens, meinem Leben, zu finden! Ein Leben zu leben als Erdenpilger, das mir Gott geschenkt hat. Schicksalsschläge ohne Fragen nach dem Warum, Wieso und gerade ich – im Detail als Schicksale und Schläge – hinzunehmen, jedoch in großer Dankbarkeit, durch dieses Erlebte reifer und stärker geworden zu sein! Im Wissen, dass ich selbst verantwortlich bin für mein Seelenheil! Na ja, für den Körper auch ein wenig! Wobei der Körper altert und letztendlich die Dienste einstellt! Ohne dass sich viele Menschen das im schönsten, blühenden Alter von fünfzig Lenzen auch nicht wirklich wünschen! Aber die Seele! Sie letztendlich ist es, die ohne noch offene Wunde, im Reinen mit all unserem Erlebten, unseren Körper verlassen und ins Licht gehen soll! Du lieber Gott! Meine Güte! Wie schaffe ich das bloß? Hier auf dieser Erde! Mit all dem Schönen! Dem Katastrophalen! Der unsäglichen Vielfalt an Möglichkeiten! Unter zigtausenden Menschen und doch mutterseelenalleine! Im Sterben den allein entscheidenden Schritt zu machen vom Leben ins Sterben. Im Wissen, dass kein Mensch dir sagen oder die Gewissheit vermitteln kann, ob Gott dich abholt oder Satan dich in Empfang nimmt. Oh, wie einfach wäre da meine Autobahn zu Gott! Klarer Wegweiser! Klare Straßenführung. Einfach geradeaus, Richtung Eden! Auf einem Lichtstrahl fliegend. Satan blendend, keine Chance habend, mich irrezuleiten in die Hölle. Bei diesem Gedanken jubelt mein Herz! Erschreckend schaurig und wunderschön faszinierend, diese Vorstellung! Nun! Wir schaffen es! Wenn nicht mit dem Glauben an Gott, so doch im Glauben an eine höhere, universelle Macht! Im täglichen Umsetzen und Leben der ungeschriebenen geistigen Gesetze von Ursache und Wirkung, der Ethik, Moral und Liebe! Zum Heil unserer Seele!

Wer außer du selbst kann deine noch nicht verheilten Narben und Wunden pflegen? Überlege dir? Benötigt es dazu die Liebe eines Menschen oder die Liebe deiner Selbst. Ich meine damit auch das dir selber Verzeihen. Narben und Wundpflege, egal ob im Herzen oder der Seele benötigen immer auch das Verarbeiten von Erlebtem, Gehörtem aber auch Gesagtem. Zum Heil für Körper und Seele sollte der Mensch jederzeit bereit sein, all das zu verzeihen, was er seinem Mitmensch in Worten und Taten angetan hat. Er sollte jedoch auch bereit sein, den Mitmenschen zu bitten, auch ihm zu verzeihen. Dann ist die Zeit reif, dass sich deine Narben verflachen, nicht mehr störend sind, sich deine Wunden schließen und du im Licht und Heil dastehst. Halleluja! Ist ja doch einfach! Oder?

Moment! Fast hätte ich's vergessen! Ich habe mir übrigens einen Lichtstrahl reserviert! Nein! Bestellt! Ich freue mich riesig auf den Flug in die Ewigkeit, mit all den himmlischen, für uns Menschen nicht vorstellbaren Herrlichkeiten an Licht, Liebe, Friede, Freude, Farben und all den Engeln und uns voran gegangenen Lieben! Ob Mensch oder Tier! Ein Fest im Garten Eden! Meine Seele jauchzt!

Da ist noch was! In einem kleinen Seelen-Zipfelchen hängt verborgen eine Träne! Die Träne des Abschieds von meinen noch auf der Erde lebenden, von Herzen geliebten Menschen! Ihr seid gesegnet! Bis bald!

## Die Autorin

Marijana Maranini, Jahrgang 1952, lebt in der Schweiz. Sie arbeitet im Pflegebereich. „Verdammt auf der Erde zu leben" ist ihr erstes Buch. Neben dem Schreiben liest sie gerne, hört Musik und interessiert sich für Acrylmalerei. Sie ist Mutter von zwei Töchtern.

# Der Verlag

*Wer aufhört
besser zu werden,
hat aufgehört
gut zu sein!*

Basierend auf diesem Motto ist es dem novum Verlag ein Anliegen neue Manuskripte aufzuspüren, zu veröffentlichen und deren Autoren langfristig zu fördern. Mittlerweile gilt der 1997 gegründete und mehrfach prämierte Verlag als Spezialist für Neuautoren in Deutschland, Österreich und der Schweiz.

**Für jedes neue Manuskript wird innerhalb weniger Wochen eine kostenfreie, unverbindliche Lektorats-Prüfung erstellt.**

Weitere Informationen zum Verlag und seinen Büchern finden Sie im Internet unter:

www.novumverlag.com